AUTISMUS-SPEKTRUM-STÖRUNG in der Schule

Leni Schütz

Hintergrundinformationen
Praxisbeispiele
Handlungsempfehlungen

Verlag an der Ruhr

Impressum

Titel
Besondere Schüler*innen – Was tun?
Autismus-Spektrum-Störung in der Schule
Hintergrundinformationen – Praxisbeispiele – Handlungsempfehlungen

Autorin
Leni Schütz

Titelbildmotiv
© andròmina – Shutterstock.com

Innenteil
Kästchenmotive: © andròmina – Shutterstock.com; ansonsten s. Copyrightnachweise

Lektorat
Christine Schlitt

Druck
Heenemann GmbH & Co. KG, Berlin, DE

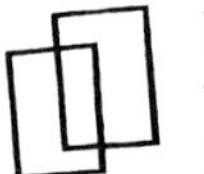

Verlag an der Ruhr
www.verlagruhr.de
info@verlagruhr.de

PEFC-zertifiziert
Dieses Produkt stammt aus nachhaltig bewirtschafteten Wäldern
www.pefc.de

Geeignet für die Klassen 1–10

1. Auflage, 2. Druck 2026
ISBN 978-3-8346-6206-4

Inhaltsverzeichnis

Vorwort

In den letzten Jahren hat die Forschung über Autismus große Fortschritte gemacht. Kinder mit Autismus können daher immer früher diagnostiziert werden. Ob dies der Grund für die wachsende Zahl von Kindern mit Autismus ist oder ob Autismus heute tatsächlich häufiger auftritt als früher, lässt sich nicht einfach beantworten. Tatsache ist jedoch, dass immer mehr Kinder mit Autismus-Spektrum-Störung an Regelschulen unterrichtet werden – häufig ohne dass Lehrkräfte darauf vorbereitet sind oder ihnen nennenswerte zusätzliche Ressourcen zur Verfügung stehen.

Dieser Ratgeber richtet sich an Lehrer*innen[1], die an Grundschulen und weiterführenden Schulen unterrichten und ein Kind mit Autismus-Spektrum-Störung in ihrer Klasse begleiten. Er versteht sich als Praxisbuch, das möglichst viele Aspekte des Themas „Autismus und Schule" durchdringen möchte. Er soll dazu beitragen, ein differenziertes Bild von Autismus zu zeichnen und Vorurteile abzubauen. Darüber hinaus möchte das Buch es Ihnen als Lehrkraft erleichtern, ein autistisches Kind im schulischen Kontext zu begleiten. Für das Verständnis sind keinerlei Vorkenntnisse erforderlich.

Damit autistische Kinder am „Lebensraum Schule" gelingend teilhaben können, benötigen sie qualifizierte und interessierte Lehrkräfte. Ich hoffe, dass Sie als Leser*in vielen Kindern diese Teilhabe ermöglichen können und dass Sie dieser Ratgeber dabei unterstützt.

---

[1] Der Verlag an der Ruhr legt großen Wert auf eine geschlechtergerechte und inklusive Sprache. Daher nutzen wir neutrale Formulierungen oder das Gendersternchen, um alle Menschen unabhängig von Geschlecht oder Geschlechtsidentität einzuschließen. Auch wenn es sich um ältere Kinder handelt und die Bezeichnung „Jugendliche" eigentlich korrekt wäre, schreiben wir in diesem Buch meist „Kinder", um die umständliche Schreibweise „der*die Jugendliche" möglichst zu vermeiden. Dies ist eine Einzelfallentscheidung und ist in keinem Fall ausschließend oder diskriminierend zu verstehen.

Diagnostik und Einordnung

Ursachen für Autismus

Die Ursachen, die zu Autismus führen, sind noch nicht vollständig erforscht. Sicher ist, dass es genetische Dispositionen gibt, die Autismus begünstigen. Mittlerweile haben Wissenschaftler*innen in diesem Zusammenhang über 100 Gene identifiziert. Jedoch spielen auch Umwelteinflüsse eine große Rolle. Welche das genau sind, ist noch nicht ausreichend untersucht. Sicher ist jedoch, dass Autismus keinesfalls auf falsches Erziehungsverhalten der Eltern oder auf falsche Ernährung zurückzuführen ist oder als Folge von Impfungen auftritt. Zahlreiche Studien aus der Neurobiologie konnten Unterschiede zwischen Kindern mit und ohne Autismus nachweisen. So hatten beispielsweise Kinder mit späterer Autismus-Diagnose im Alter von sechs bis 24 Monaten ein größeres Hirnvolumen.[2] MRT-Scans machten neurobiologische Unterschiede im Gehirn sichtbar: Bei autistischen Kindern zeigte sich eine abweichende Entwicklung der Bahnen der „weißen Substanz" im ersten Lebensjahr.[3] Anhand von MRT-Scans konnten Forscher*innen nachweisen, dass die Verarbeitung auditiver Kommunikation bereits in der subkortikalen Hörbahn verändert ist. Diese Bahn ist eine Struktur, die die Ohren mit der Großhirnrinde verbindet.[4]

Autismus als Entwicklungsstörung

Seit Januar 2022 gilt die 11. Fassung der „Internationalen statistischen Klassifikation der Krankheiten und verwandter Gesundheitsprobleme" (ICD-11) der Weltgesundheitsorganisation (WHO).[5] Darin wird auch die Diagnose „Autismus-Spektrum-Störung" beschrieben. Sie löst die früheren Einzeldiagnosen aus dem ICD-10 wie Asperger-Syndrom, frühkindlicher Autismus, atypischer Autismus oder hochfunktionaler Autismus ab. Unter der Diagnose „Autismus-Spektrum-Störung" sind verschiedene Differenzialdiagnosen möglich. Eine Differenzialdiagnose bezieht sich dann auf sprachliche Beeinträchtigungen und auf die kognitive Entwicklung. Autismus zählt im ICD-11 zu den „Psychischen, Verhaltens- und Neurologischen Entwicklungsstörungen".
Die 5. Auflage des „Diagnostic and Statistical Manual of Mental Disorders" (DSM-5)[6] fasst alle Formen von Autismus unter der Diagnose „Autismus-Spektrum-Störung" zusammen. Fünf Diagnosekriterien sind hier beschrieben:

[2] Vgl. Hazlett et al. 2017, S. 348–351.
[3] Vgl. Wolff et al. 2012, S. 589–600.
[4] Vgl. Schelinski/Tabas/von Kriegstein 2022, S. 1955–1972.
[5] Zum Zeitpunkt der Drucklegung ist die ICD-11 noch nicht auf Deutsch verfügbar und die Anwendung damit in Deutschland noch nicht verpflichtend.
[6] Das „Diagnostic and Statistical Manual of Mental Disorders" („Diagnostischer und statistischer Leitfaden psychischer Störungen") ist ein US-amerikanisches Klassifikationssystem psychischer Störungen, das weltweit anerkannt ist und auch in Deutschland angewendet wird.

Diagnosekriterien nach DSM-5

- anhaltende Defizite in der sozialen Kommunikation und Interaktion
- eingeschränkte oder repetitive Verhaltensmuster, Interessen oder Aktivitäten
- Beginn in früher Kindheit
- Verursachung von klinisch bedeutsamem Leid oder Beeinträchtigungen in sozialen, beruflichen oder anderen wichtigen Funktionsbereichen
- keine bessere Erklärung der Symptome durch intellektuelle Beeinträchtigung oder allgemeine Entwicklungsverzögerung

Die Beschreibung der Diagnosekriterien für eine Autismus-Spektrum-Störung im ICD-11 wird sich an den Diagnosekriterien des DSM-5 orientieren, allerdings besteht eine Übergangsfrist, sodass in Deutschland noch nicht verpflichtend nach ICD-11 diagnostiziert wird.

Risiken der Bezeichnung „Autismus-Spektrum-Störung"

Irgendwann kommt der Zeitpunkt, an dem ein autistisches Kind sich mit seiner Diagnose auseinandersetzt. Meist merkt es dann, dass bei ihm „etwas anders" ist als bei den anderen Kindern. Spätestens dann wird die Bezeichnung „Autismus-Spektrum-Störung" für das betroffene Kind Fragen aufwerfen: Habe ich eine Störung? Bin ich gestört? Der Begriff wird die Selbstwahrnehmung des Kindes wahrscheinlich beeinflussen und es ihm erschweren, ein positives und ressourcenorientiertes Selbstbild zu entwickeln. Auch das Bild, das eine Lehrkraft sich von dem Kind macht, kann von dem Begriff „Störung" negativ beeinflusst werden, vielleicht ohne dass sie sich dessen bewusst ist.

Chancen der Bezeichnung „Autismus-Spektrum-Störung"

Mit der Bezeichnung „Störung" ist allen Beteiligten zu jedem Zeitpunkt deutlich, dass es sich bei den Schwierigkeiten nicht nur um eine Laune, um schlechtes Benehmen oder „falsche" Erziehung handelt. Der Begriff macht darüber hinaus deutlich, dass das betroffene Kind sehr wahrscheinlich Unterstützung benötigt. Da Kinder im Autismus-Spektrum unterschiedliche Beeinträchtigungen haben, muss sich die Art der Unterstützung immer am individuellen Bedarf des Kindes orientieren. Auch der Umfang der Unterstützung ist unterschiedlich und muss sich daran ausrichten, was das Kind braucht. Sowohl der Umfang als auch die Art der Unterstützung können sich im Laufe der Zeit verändern.

Autismus als neurodiverse Realität

Eine andere Herangehensweise ist das Konzept der Neurodiversität. Dieser Begriff wird seit 2011 benutzt und sowohl mit Autismus als auch mit ADHS, Dyskalkulie, Dyspraxie oder Tourette-Syndrom in Verbindung gebracht.
Der Begriff „Neurodiversität" möchte verdeutlichen, dass es einerseits die große Mehrheit „neurotypischer" Menschen gibt. Neurotypisch meint hier die Art und Weise, wie die meisten Menschen neurobiologisch „funktionieren". Daneben gibt es eine kleine und bunte Vielfalt „neurodivergenter" Menschen, deren Hirnfunktionen neurobiologische Unterschiede aufweisen. Diese Vielfalt ist nicht als neurobiologische Störung zu betrachten, sondern entwickelt sich als Resultat normaler genetischer Variation. Neurobiologische Unterschiede müssen nicht zwingend als fehler- oder mangelhaft empfunden werden. Vielmehr werden wir als Mehrheitsgesellschaft dazu aufgefordert, Minderheiten mit neurobiologischen Unterschieden im Sinne von Diversität wahrzunehmen.

Risiken des Konzepts der „Neurodiversität"

Das Risiko dieser Betrachtungsweise besteht darin, die Schwierigkeiten und den Unterstützungsbedarf, den ein Kind im Autismus-Spektrum hat, „kleinzureden", zu verleugnen oder zu verallgemeinern. Das darf nicht passieren. Eine inklusive Betrachtungsweise im Sinne der Neurodiversität darf nicht dazu führen, alle Kinder „über einen Kamm zu scheren" oder anzunehmen, dass sie schon irgendwie von allein und ohne Unterstützung mit ihren Besonderheiten zurechtkämen.

Chancen des Konzepts der „Neurodiversität"

Das Konzept der Neurodiversität bemüht sich um einen „menschenfreundlichen" Blickwinkel. Diese Herangehensweise ermöglicht eine differenzierte Wahrnehmung der Chancen und Grenzen eines Kindes. Das Anderssein wird nicht als Störung empfunden und beschrieben. Vielmehr werden die Unterschiede, die sich im Vergleich zu neurotypischen Gleichaltrigen zeigen, wahrgenommen und benannt. Ein autistisches Kind, das mit der Begrifflichkeit „Neurodiversität" umgeht, kann ein positiv-realistisches Selbstbild entwickeln und sich an seinen Ressourcen orientieren. Es kann ein Verständnis davon entwickeln, wo seine Stärken liegen und was ihm schwerfällt.

Autismus als Spektrum

Die neue Bezeichnung „Autismus-Spektrum-Störung" trägt der Tatsache Rechnung, dass Autismus nicht linear zu verstehen ist im Sinne von „wenig autistisch" bis hin zu „sehr autistisch". Autismus als Spektrum zu betrachten, gibt uns die Möglichkeit, differenziert wahrzunehmen, wo ein Kind Kompetenzen hat, welche Fähigkeiten weniger gut entwickelt sind und in welchen Lebensbereichen es welche Art der Unterstützung benötigt.
Herkömmliche Sichtweisen, die nahelegen, es handele sich um eine „leichte" oder „schwere" Form von Autismus, führen häufig zu Vorurteilen und Ungerechtigkeiten. Sie verursachen damit oft großes Leid für Betroffene und Angehörige. Die Einteilung in „leichte" und „schwere" Formen legt nahe, dass manche Autist*innen weniger Schwierigkeiten haben würden als andere, ein gelingendes und selbstbestimmtes Leben zu führen. Dies ist jedoch nicht so. Ein hoher Bildungsabschluss führt beispielsweise nicht kausal zu einer selbstbestimmten und zufriedenen Lebensgestaltung. Auch eine abgeschlossene Berufsausbildung oder ein abgeschlossenes Studium sind hierfür kein Garant.

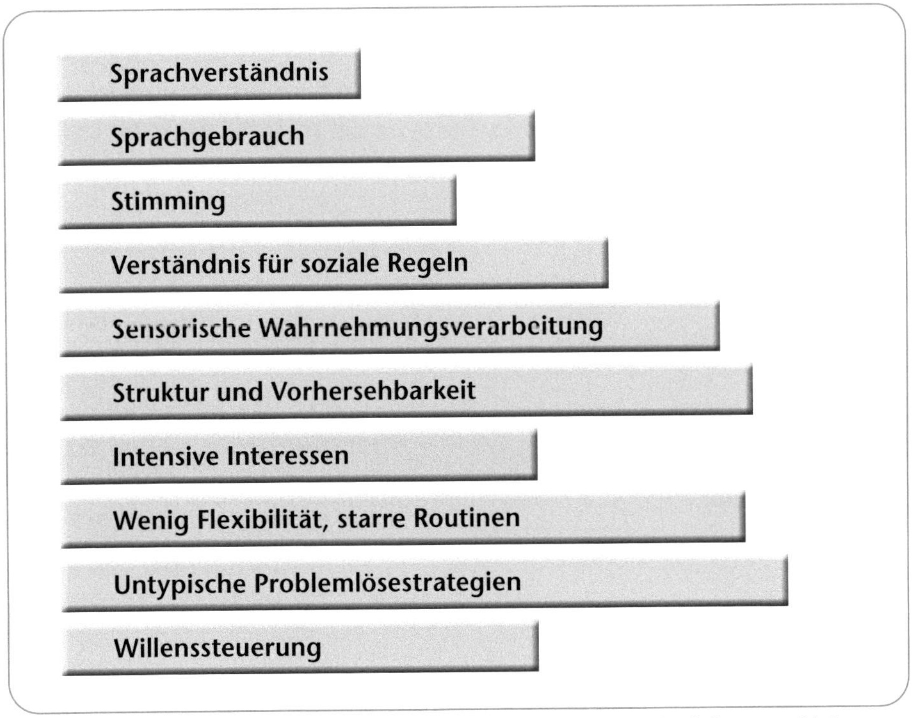

Sprachverständnis
Sprachgebrauch
Stimming
Verständnis für soziale Regeln
Sensorische Wahrnehmungsverarbeitung
Struktur und Vorhersehbarkeit
Intensive Interessen
Wenig Flexibilität, starre Routinen
Untypische Problemlösestrategien
Willenssteuerung

Autismus als Spektrum: Die Fähigkeiten und Kompetenzen sind jeweils unterschiedlich gut entwickelt.

Warum die Diagnose notwendig ist

Oft zeigen autistische Kinder schon früh Auffälligkeiten, die jedoch nicht immer sofort in Richtung Autismus deuten. Sehr viele Eltern haben spätestens gegen Ende des zweiten Lebensjahres ihres Kindes das diffuse Gefühl, dass „da etwas anders ist". So wenden Eltern sich an Beratungsstellen, Kinderärztinnen und Kinderärzte oder Therapeut*innen, werden aber häufig von einer Stelle zur nächsten verwiesen oder auf später vertröstet. Oftmals wird auch angenommen, die Eltern bräuchten Unterstützung bei der Entwicklung ihrer Erziehungskompetenzen.

Viele autistische Kinder mit altersgemäß entwickelten kognitiven Fähigkeiten zeigen vordergründig oftmals lange Zeit eine gute soziale Anpassungsleistung, was als „Masking" bekannt ist (siehe S. 54). Sie „verstecken" ihre Schwierigkeiten in der Schule oder im Kindergarten, um möglichst wenig aufzufallen. Zu Hause fällt dann diese Maske und Eltern sind tagtäglich mit großen Herausforderungen konfrontiert. Gerade diese Kinder werden oft erst im Schulalter oder noch später diagnostiziert; Mädchen, statistisch gesehen, 1,5 bis zwei Jahre später als Jungen.[7]

Kinder, die es eine lange Zeit schaffen, ein angepasstes Verhalten zu zeigen, und erst spät diagnostiziert werden, leiden oft unter einer Doppelbelastung: Sie müssen einerseits die täglichen Erwartungen in Kindergarten oder Schule meistern und andererseits ständig ihre autismusbedingten Besonderheiten ausgleichen. Autistische Kinder und ihre Familien bekommen aber oft erst spät Unterstützung, weil man häufig davon ausgeht, die Probleme würden mit der Zeit von allein verschwinden.

Je älter die Kinder werden, umso deutlicher treten Unterschiede zu neurotypischen Gleichaltrigen zutage und umso mehr kommen die Probleme zum Tragen. Die Schwierigkeiten nicht diagnostizierter autistischer Kinder werden oft falsch interpretiert, sodass auch die Empfehlungen an Erziehungsberechtigte und der Umgang mit dem Kind selbst sich nicht an den autismusbedingten Besonderheiten orientiert. Eltern und Kinder leiden häufig eine sehr lange Zeit, in der viel Unrecht geschieht. Je früher man den Diagnoseprozess anstößt und je früher man Klarheit hat, desto früher kann das Umfeld entsprechend reagieren. Es gibt vieles, was sowohl Kindergarten oder Schule als auch Erziehungsberechtigte richtig machen können, wenn sie es nur wissen.

---

[7] Vgl. Berufsverband der Kinder- und Jugendärzte 2022.

Sehr viele autistische Kinder haben weitere Schwierigkeiten, die zu begleitenden Diagnosen führen, sogenannten Komorbiditäten. Im Rahmen der Schule ist besonders der Zusammenhang zur Aufmerksamkeitsdefizit-/Hyperaktivitätsstörung (ADHS) wichtig.

Autismus und AD(H)S
30–80 % der Kinder mit Autismus-Spektrum-Störung haben auch AD(H)S.
20–50 % der Kinder mit AD(H)S haben auch eine Autismus-Spektrum-Störung.[8]

Bei einem Kind im Autismus-Spektrum sollte man daran denken, dass AD(H)S ebenfalls vorliegen könnte. Ebenso sollte man im Hinterkopf behalten, dass bei einem Kind, bei dem AD(H)S diagnostiziert wurde, eventuell auch eine Abklärung in Richtung Autismus sinnvoll sein könnte.

Weitere häufige Erkrankungen bei Kindern mit Autismus sind Angststörungen, Depressionen, Verdauungsstörungen, Zwangserkrankungen, affektive Störungen und Schlafstörungen.[9] Die Schlafstörungen hängen oft mit einem schlecht regulierten Melatonin-Haushalt zusammen. Das bedeutet, dass das körpereigene Hormon Melatonin, das den Schlaf-Wach-Rhythmus des menschlichen Körpers steuert, nicht zur richtigen Zeit im benötigten Umfang und für die Dauer der ganzen Nacht ausgeschüttet wird.

---

[8] Rommelse et al. 2010, S. 281–295; Rutter/Thapar 2014, S. 411–423.
[9] Langmann 2018, S. 8 f.

Inklusion autistischer Kinder

Artikel 24 der UN-Behindertenrechtskonvention, die international am 3. Mai 2008 und in Deutschland am 26. März 2009 in Kraft getreten und seitdem geltendes Recht in Deutschland ist, definiert das Recht auf Bildung. Für den schulischen Kontext ist besonders Absatz 2 relevant:

> *„(2) Bei der Verwirklichung dieses Rechts [auf Bildung] stellen die Vertragsstaaten sicher, dass*
> *a) Menschen mit Behinderungen nicht aufgrund von Behinderung vom allgemeinen Bildungssystem ausgeschlossen werden […];*
> *b) Menschen mit Behinderungen gleichberechtigt mit anderen in der Gemeinschaft, in der sie leben, Zugang zu einem integrativen, hochwertigen und unentgeltlichen Unterricht an Grundschulen und weiterführenden Schulen haben;*
> *c) angemessene Vorkehrungen für die Bedürfnisse des Einzelnen getroffen werden;*
> *d) Menschen mit Behinderungen innerhalb des allgemeinen Bildungssystems die notwendige Unterstützung geleistet wird, um ihre erfolgreiche Bildung zu erleichtern; […]“*[10]

Artikel 3 unseres Grundgesetzes definiert ebenfalls eine eindeutige Grundlage für Inklusion:

> *„(1) Alle Menschen sind vor dem Gesetz gleich. […]*
> *(3) […] Niemand darf wegen seiner Behinderung benachteiligt werden.“*[11]

Die Umsetzung dieser Grundrechte in Landesrecht und damit in Schulrecht obliegt den jeweiligen Kultusministerien. Die Praxis zeigt, dass es sowohl in der theoretischen Ausarbeitung als auch in der praktischen Umsetzung im Schulalltag große regionale Unterschiede gibt.

Es ist kein Geheimnis, dass unser Schulalltag mit großen Klassen und wenigen Lehrkräften häufig auch ohne Kinder mit diagnostizierten besonderen Bedarfen herausfordernd ist. Hinzu kommt, dass viele Kinder Auffälligkeiten zeigen oder durch originelle Verhaltensweisen eigentlich eine engere Begleitung nötig hätten.

---

[10] UN-Behindertenrechtskonvention 2018, https://www.institut-fuer-menschenrechte.de/das-institut/monitoring-stelle-un-brk/die-un-brk

[11] https://www.gesetze-im-internet.de/gg/art_3.html

Auch in den Kindergärten zeigt sich, dass unser Bildungs- und Betreuungssystem längst an seine Grenzen gestoßen ist. Kinder, die einen besonderen Unterstützungsbedarf haben, können in Regelkindergärten ohne zusätzliches Personal oftmals nur schwer betreut werden. Es ist gut nachvollziehbar, dass sich pädagogische Fachkräfte und Lehrkräfte mit der politisch gewollten Inklusion vor dem Hintergrund dieser Realität oftmals überfordert sehen.

Inklusion funktioniert auf dem Papier sehr gut, aber ein Konzept ist immer nur so gut wie seine Umsetzung im Alltag. Eine gelingende Inklusion autistischer Kinder ist auch mit der Unterstützung einer Schulbegleitung nicht unbedingt gewährleistet und kein Selbstläufer. Die Schwierigkeit bei der Inklusion autistischer Kinder liegt in der Unsichtbarkeit und Vielfalt ihrer Beeinträchtigungen. Fehlt einem Kind der rechte Arm, ist es viel einfacher, Inklusion möglich zu machen, weil es für alle Beteiligten eindeutiger ist, was dieses Kind benötigen könnte, um am Schulleben teilzuhaben.

Die Beeinträchtigungen und Möglichkeiten autistischer Kinder sind vielschichtig, unterschiedlich und häufig nicht offensichtlich. Dadurch stellen sie viel höhere und komplexere Anforderungen an das System Schule, wenn die Inklusion eines autistischen Kindes gelingen soll. Dabei geht es vor allem um Rahmenbedingungen, um die Art, zu unterrichten und Leistung zu bewerten. All dies erfordert ein hohes Maß an Bereitschaft und Engagement aufseiten der Lehrkräfte. Damit Inklusion gelingen kann, müssen Lehrkräfte die Beeinträchtigungen, die autistische Kinder haben, überhaupt als behinderungsbedingt wahrnehmen und dürfen nicht davon ausgehen, das Kind sei einfach schlecht erzogen, widerspenstig oder faul. Für Lehrkräfte bedeutet es häufig einen Mehraufwand, ein autistisches Kind in der Klasse gut zu begleiten.

Unser Bildungssystem orientiert sich an den Fähigkeiten neurotypischer Kinder. Die Inklusion autistischer Kinder ist eine Herausforderung, der wir uns als neurotypische Mehrheitsgesellschaft stellen müssen.

Besonderheiten autistischer Kinder bei der Wahrnehmung und Wahrnehmungsverarbeitung

Schwache zentrale Kohärenz

Bei Kindern im Autismus-Spektrum scheint die zentrale Kohärenz fast immer schwach ausgebildet zu sein.[12] Als zentrale Kohärenz wird die Fähigkeit bezeichnet, einzelne Wahrnehmungsdetails in einen sinnvollen Gesamtzusammenhang zu setzen. Ist diese Fähigkeit schwach ausgeprägt, kommt es zu zwei Phänomenen:

- **Details werden sehr gründlich und sehr zuverlässig wahrgenommen.** Nimmt das Kind eine große Fülle an Details wahr, kann leicht ein „Stau" entstehen, weil sehr viele Eindrücke verarbeitet werden müssen. In diesem Fall kann es zu einer Reizüberflutung kommen, die sich anfühlt, als würde man in einem „Wimmelbild" leben. Andererseits ist es in vielen Bereichen eine Stärke, jedes Detail wahrzunehmen.
- **Der Gesamtzusammenhang wird nicht wahrgenommen.** Bei einer schwachen zentralen Kohärenz fällt es Kindern schwer, sich einen Überblick zu verschaffen oder einen Gesamtzusammenhang zu erkennen. Sie nehmen unterschiedliche Details wahr, können diese aber nur schwer in einen sinnvollen Kontext setzen.

Neurotypische Kinder nehmen zwei Dreiecke wahr.

Viele autistische Kinder nehmen einzelne Elemente wahr, fügen sie aber nicht zu einem sinnvollen Gesamtbild zusammen.

Eine schwache zentrale Kohärenz kann sich in allen Bereichen der Wahrnehmung bemerkbar machen. Ein Beispiel für den visuellen Bereich zeigen die Abbildungen oben. Auf die Frage „Was siehst du hier?" antwortet ein neurotypisches Schulkind wahrscheinlich: „Zwei Dreiecke." Ein autistisches Schulkind antwortet vielleicht: „Drei Kreise, die nicht ganz fertig sind, und drei Dreiecke, die nicht ganz fertig sind."

[12] Vgl. Happé/Frith 2006, S. 25.

Dieses Beispiel macht plakativ deutlich, was es wohl bedeuten mag, ein Leben mit schwacher zentraler Kohärenz zu führen. Sehr vieles im Alltag wird diesen Kindern wahrscheinlich sinnlos erscheinen, weil sie nicht in der Lage sind, Zusammenhänge herzustellen, zu erkennen oder vorherzusehen und Dinge miteinander in Beziehung zu setzen.
Folgendes können Kinder (und Erwachsene) mit schwacher zentraler Kohärenz aus diesem Grund nicht oder nur eingeschränkt:

- **einen Zusammenhang zwischen Ursache und Wirkung herstellen**
  Zwei Kinder haben der Lehrerin einen bösen Streich gespielt, darum ist sie jetzt wütend und schimpft mit der Klasse.
- **die Auswirkung einer Ursache voraussehen**
  Wenn ich meinem Sitznachbarn ins Heft kritzele, weil er mich stört, wird er sich wahrscheinlich ärgern und der Lehrer wird mit mir schimpfen.
- **Regeln auf andere (ähnliche) Situationen übertragen**
  Wenn ich im Deutschunterricht nicht unaufgefordert reden soll, gilt das auch für den Matheunterricht.
- **Details in einer Situation unterschiedlich gewichten**
  Wenn sich ein Kind auf dem Schulhof verletzt hat, ist es wichtiger, Hilfe zu holen, als pünktlich zum Unterricht zu gehen.

Beispiele aus dem schulischen Kontext

Es gibt zahlreiche Beispiele, wo es bei Kindern mit schwacher zentraler Kohärenz zu Schwierigkeiten kommen kann:

- Sie als Lehrkraft lesen eine Geschichte vor. Das autistische Kind kann einzelne Details sehr genau wiedergeben, hat jedoch Schwierigkeiten, die Handlung insgesamt nachzuvollziehen. Es erkennt keinen roten Faden und kann den Höhepunkt und die Hauptaussage nicht benennen.
- Das Kind kann einzelne Elemente einer Textaufgabe wiedergeben, hat aber Schwierigkeiten, die Aufgabe als Ganzes zu überblicken. Es beginnt daher nicht, zu rechnen, lässt große Teile aus oder überspringt unbeabsichtigt Aufgabenteile.
- Einzelne Töne eines Musikstücks werden wahrgenommen, nicht jedoch die Melodie als Ganzes.
- Das Kind betrachtet die Verzierungen am Rand eines Arbeitsblatts, kann aber schwer die eigentlichen Aufgaben erkennen. Es fängt nicht an, zu arbeiten, oder bearbeitet nur einen kleinen Teil der Aufgaben.
- Ein Kind trödelt beim Aufräumen herum und betrachtet jeden Legostein, anstatt ihn in die Kiste zu legen. Das Kind hält sich mit „unwichtigen" Details auf.

- Das Kind kann eine Regel nur schwer auf andere Situationen übertragen. Sie erklären dem Kind sehr ausführlich und deutlich: „Es spricht immer nur das Kind, das ich aufrufe." Am nächsten Tag unterrichten Sie ein anderes Fach, vielleicht tragen Sie andere Kleidung. Das Kind spricht unaufgefordert dazwischen. Es ist ihm nicht klar, dass diese Regel auch heute gilt, obwohl Sie etwas anderes tragen oder ein anderes Fach unterrichten.
- Worte eines Satzes werden nicht im Gesamtzusammenhang verstanden. „Stell dich nicht so an" soll bedeuten: Sieh darüber hinweg. „Alle Kinder stellen sich jetzt bitte an" soll bedeuten: Alle Kinder stellen sich jetzt in die Reihe. Das autistische Kind kann die Worte nicht unbedingt in den Zusammenhang stellen, in dem Sie sie sprechen. Vielleicht folgt es Ihren Anweisungen nicht oder wirkt ungehorsam und unkooperativ.
- Eine Mutter erklärt ihrem zehnjährigen Sohn, dass Menschen „hmmm" machen, wenn sie nicht mehr sehr interessiert an seinen Ausführungen sind. Am nächsten Tag sitzen sie beim Essen und der Junge erzählt etwas. Die Mutter hat den Mund voll und macht „hmmm". Der Junge sagt, er würde verstehen, dass es sie nicht interessiere, aber es müsse es unbedingt erzählen. Er konnte die Äußerung („hmmm") nicht in den passenden Gesamtzusammenhang setzen.

Eine schwache zentrale Kohärenz bringt im Schulalltag sehr viele sehr unterschiedliche Herausforderungen und Schwierigkeiten mit sich. Es kommt sehr häufig zu Missverständnissen. Oft tun Lehrkräfte dem Kind auch unrecht.

> Unerwünschtes und unkooperatives Verhalten ist nicht unbedingt auf den Unwillen, die Motivationslosigkeit, die böse Absicht oder die mangelnde Intelligenz eines Kindes zurückzuführen, sondern vielleicht auf seine schwache zentrale Kohärenz.

Schwache zentrale Kohärenz bei Gedanken und Gefühlen

Wenn schon Dinge schwer in den korrekten Zusammenhang gebracht werden können, die sichtbar oder ausgesprochen sind, gilt dies umso mehr für unsichtbare, unausgesprochene Zusammenhänge. Hierzu zählt beispielsweise, Gedanken, Gefühle oder Wünsche in den Kontext der aktuellen Situation zu stellen, aber auch, die richtigen Schlussfolgerungen zu ziehen. Erschwerend kommt hinzu, dass die meisten autistischen Kinder keine guten Fähigkeiten im Bereich Theory of Mind haben (siehe S. 56). Zwei Beispiele können das verdeutlichen:

- Ein autistisches Kind beschimpft und beleidigt ein anderes Kind so sehr, dass dieses schließlich weint. Das autistische Kind kann schwer nachvollziehen, dass die Person, die es gerade beschimpft, dies als extrem unpassend oder verletzend empfindet. Da hilft es auch meistens nicht, dem Kind zu erklären: „Stell dir vor, ich würde dich so anschreien."
- Ein autistisches Kind spricht die ganze Pause hindurch ohne Punkt und Komma über ein spezielles Thema und wundert sich, dass die anderen Kinder ihm nicht zuhören.

Was tun? Zunächst ist es wichtig, in Betracht zu ziehen, dass unerwünschtes oder scheinbar unkooperatives Verhalten und Konflikte ihren Ursprung in einer schwachen zentralen Kohärenz haben können. Vielleicht ist das Kind nicht absichtlich ungehorsam oder frech. Vielleicht kann es Ihrer Logik einfach nicht folgen und Zusammenhänge, die für Sie absolut grundlegend und klar sind, nicht nachvollziehen. Hilfreich ist es daher, Zusammenhänge herzustellen und zu verdeutlichen, gern auch visuell unterstützt. Comicstrip-Gespräche und Social Storys sind sehr gut geeignet, um dem Kind die Möglichkeit zu geben, Konflikte nachzuvollziehen und „ungeschriebene Regeln" zu verstehen (siehe S. 46 ff.).
Eine gute, nachvollziehbare und verlässliche Struktur im Alltag hilft Kindern, ihr Stresslevel einigermaßen niedrig zu halten. So können sie ihre schwache zentrale Kohärenz eher ausgleichen, als wenn sie zusätzlich noch durch ein individuell hohes Stressempfinden belastet sind.

Allgemeine Unterschiede in der Wahrnehmung und Wahrnehmungsverarbeitung

Es ist wichtig, zu verstehen, welche Auswirkungen diese Unterschiede im Schulalltag haben. Dabei können die Wahrnehmungsbesonderheiten autistischer Kinder sehr unterschiedlich, ja sogar gegensätzlich sein. Das macht es immer wieder nötig, bei jedem Kind genau hinzuschauen – gemäß dem Satz: „Kennst du eine autistische Person, kennst du genau eine autistische Person." Grundsätzlich treten folgende Unterschiede im Vergleich zu neurotypischen Gleichaltrigen häufig auf:

- **Wichtiges von Unwichtigem unterscheiden**
  Viele autistische Kinder haben große Schwierigkeiten, zu erkennen, was gerade wichtig ist und was nicht. Werden sie im schulischen Kontext darauf hingewiesen, kostet es sie oft große Anstrengung, sich auf das Wichtige zu fokussieren.

- **Unwichtiges ausblenden**
  Auch wenn sie nachvollziehen können, was das Wichtige ist, können sie im Gegensatz zu neurotypischen Kindern weniger gut das ausblenden, was gerade unwichtig ist. Ebenso können sie es nicht einfach „vergessen". Das führt dazu, dass sie oft vielfältigen Reizen ausgesetzt sind. Diese Wahrnehmungsbesonderheit kann leicht zu einer (sensorischen) Überforderung führen.

- **verstärkte oder verminderte Wahrnehmung von Reizen**
  Bei der Wahrnehmung von Reizen kann es sowohl ein „zu stark" als auch ein „zu schwach" geben. Beides kann problematisch sein, je nachdem welcher Bereich der Wahrnehmung betroffen ist. Nimmt ein Kind Reize in einem Bereich zu schwach wahr, braucht es entsprechend mehr Stimulierung, um angemessen zu reagieren. Nimmt es Reize zu stark wahr, können schon kleinste Stimuli in dem jeweiligen Bereich der Wahrnehmung unangenehm sein.

- **Das Verarbeiten von Reizen dauert länger**
  Da autistische Kinder oft länger brauchen, um Informationen und Wahrnehmungen korrekt zu verarbeiten, kann es zu Überforderung und Verwirrung kommen. Auch weil viele Wahrnehmungsbereiche sich überlappen, entsteht so manchmal ein „Stau" oder Informationen werden nicht korrekt verarbeitet.

- **Das Verarbeiten von Reizen ist anstrengender**
  Generell leistet ein autistisches Kind im normalen Schulalltag deutlich mehr als seine neurotypischen Klassenkamerad*innen. Jede Information, jeder Eindruck, ob nun ein Sinnesreiz oder auch die Wahrnehmung körperlicher oder psychischer Vorgänge, muss verarbeitet werden. Dies ist für das Kind häufig sehr anstrengend.
- **Wahrnehmungen werden falsch interpretiert**
  Bei vielen Informationen zieht ein autistisches Kind falsche Schlüsse. Dies passiert besonders häufig, wenn das generelle Stresslevel des Kindes bereits angestiegen ist. Besonders im emotionalen und zwischenmenschlichen Bereich kann dies problematisch werden.

Besonderheiten in einzelnen Bereichen der sensorischen Wahrnehmung

Autistische Kinder weisen fast immer Besonderheiten in einzelnen Bereichen der sensorischen Wahrnehmung auf. Eine schwache zentrale Kohärenz verursacht leicht eine Reizüberflutung, weil zu viele Details wahrgenommen werden. Dem Kind fällt es schwer, einen Gesamtzusammenhang herzustellen, sodass es einzelne Details nicht mehr verarbeiten kann. In diesem Fall spricht man von einem „Overload" (siehe S. 130). Im Folgenden stelle ich typische Situationen dar, in denen es im schulischen Kontext in den einzelnen Bereichen der sensorischen Wahrnehmung zu Schwierigkeiten kommen kann.

Visuelle Wahrnehmungsverarbeitung

Wandgestaltung und Fensterbilder

In vielen Klassenzimmern sind die Wände mit Postern, Bildern oder Plakaten geschmückt. Auch die Gestaltung der Fenster mit farbenfrohen Fensterbildern und anderen kreativen Ideen ist beliebt. Für ein autistisches Kind ist dieser Wand- oder Fensterschmuck häufig sehr ungünstig, da es Unwichtiges nicht einfach ausblenden kann. Das Kind muss alle diese visuellen Eindrücke jeden Tag verarbeiten. So kann eine lebhafte Wandgestaltung zu einer regelrechten Überforderung und Reizüberflutung beitragen. Auch bunte Vorhänge können die Wahrnehmungsverarbeitung beeinträchtigen. Wenn die Sonneneinstrahlung noch dazukommt, können sich immer neue Muster und Farbnuancen ergeben.

In der ersten Schulstunde oder wenn ansonsten alles optimal ist, kann das Kind damit wahrscheinlich umgehen. Kommt aber das Unterrichtsgeschehen oder die lärmende Klasse hinzu, gelangt ein autistisches Kind sehr schnell an seine Grenzen. Die Folge kann ein Wutausbruch, Arbeitsverweigerung oder ein anderes herausforderndes Verhalten sein.

Was tun? Reduzieren Sie Wandgestaltung und Fensterbilder, soweit wie möglich. Wenn Sie auf eine Gestaltung der Wände nicht verzichten möchten, achten Sie darauf, dass Bilder oder Poster an der Wand möglichst in gleichen Abständen und auf gleicher Höhe hängen, sodass eine gewisse Ordnung entsteht. Positionieren Sie Fensterbilder entweder sehr weit oben oder sehr weit unten am Fenster, sodass möglichst ein Teil der Fenster frei bleibt. Nehmen Sie Poster und Bilder ab, die aktuell nicht benötigt werden. Auch bunte Vorhänge sollten Sie, wenn möglich, entfernen.
Achten Sie darauf, dass an der „Tafelwand" möglichst keine weiteren Poster hängen. Falls möglich, können Sie einen Teil der Wand eher neutral halten und einen anderen Teil bunt gestalten. Es ist günstig, wenn der bunt gestaltete Teil klar abgegrenzt ist und sich möglichst nicht im Blickfeld des autistischen Kindes befindet. Das autistische Kind kann dann seinen Platz an der neutral gehaltenen Wand haben.
Falls Sie mit Fensterfarbe arbeiten, markieren Sie mit einem Klebeband den Bereich, in dem die Kinder das Fenster gestalten können. So können Sie dafür sorgen, dass eine möglichst einheitliche Fläche frei bleibt.

Lichtquellen

Im Klassenzimmer scheint die Sonne zu einer bestimmten Tages- oder Jahreszeit so durch das Fenster, dass Reflexionen oder Schatten entstehen. Oder sie fällt zu einer bestimmten Zeit in einem Winkel ein, den das Kind als extrem unangenehm empfindet. Auch kann die Beleuchtung im Klassenzimmer das autistische Kind blenden.

Was tun? Generell kann es sein, dass die Beleuchtung im Klassenzimmer angepasst werden muss. Lassen Sie Jalousien herunter und prüfen Sie, dass nichts blendet. Sie können mit dem Kind vereinbaren, dass es eine Sonnenbrille mitbringt, die es bei Bedarf tragen kann. Auch in Überforderungssituationen kann das Kind die Sonnenbrille aufsetzen. So nimmt es die Umwelt etwas weniger stark wahr. Die Brille kann dazu beitragen, die Gefahr einer visuellen Reizüberflutung generell zu reduzieren. Stellen Sie sich jedoch darauf ein, dass manche Kinder, besonders am Anfang, keine „Sonderregeln" für sich in Anspruch nehmen möchten.

Kinder in den vorderen Reihen

Wenn das Kind weiter hinten sitzt, sieht es nicht nur Sie als Lehrkraft und die Tafel, sondern auch alle anderen Kinder, die vor ihm sitzen. Dadurch, dass es schwer Wichtiges von Unwichtigem unterscheiden und Unwichtiges ausblenden kann, wird es wahrscheinlich Schwierigkeiten haben, sich auf Sie als Lehrkraft zu fokussieren.
Wenn die Kinder an Gruppentischen sitzen, kann es sein, dass es dem Kind sehr schwerfällt, seine Aufmerksamkeit auf Sie und den Unterricht zu lenken. Vielleicht muss es leicht den Kopf drehen, um Sie zu sehen, oder es hat andere Kinder in seinem Blickfeld. Abwechselnd den Kopf zu drehen und auf das eigene Heft zu schauen, kann für ein autistisches Kind ebenfalls anstrengend sein.

> **Was tun?** Falls die Kinder in Reihen sitzen, ist ein Platz in der vorderen Reihe, möglichst am Rand, ideal. Wenn es Gruppentische oder eine andere Sitzordnung gibt, versuchen Sie, für das Kind einen Platz mit möglichst direkter und ungestörter Sicht auf Sie und die Tafel zu finden.

Komplexe Darstellungen

Sie verteilen ein Arbeitsblatt mit detaillierter Zeichnung und Beschriftung eines Tieres. Manche autistischen Kinder haben große Mühe, das Tier als Ganzes wahrzunehmen – auch wenn sie darauf hingewiesen werden. Ihr Fokus liegt auf einzelnen Körperteilen und deren Beschriftung.

> **Was tun?** Hilfreich ist es, komplexe Darstellungen zunächst zu vereinfachen und mehrere Zwischenschritte einzubauen. So könnte man das Tier zunächst als Ganzes anschauen und erst in einem weiteren Arbeitsblatt differenzieren und beschriften.

Handschriftlich geschriebene Wörter

Neurotypische Kinder sind beim Lesen handschriftlich geschriebener Wörter in der Lage, aus dem Zusammenhang des Wortes zu erkennen, ob es sich beispielsweise um ein „n" oder ein „u" handeln muss. Autistische Kinder haben diese Fähigkeit aufgrund ihrer schwachen zentralen Kohärenz nicht im selben Maß (siehe S. 18). In der weiterführenden Schule achten Lehrkräfte häufig nicht mehr darauf, an der Tafel besonders „ordentlich" zu schreiben. Solche Tafelanschriebe können autistische Kinder oft nur sehr schwer richtig lesen.

> **Was tun?** Achten Sie auch in den höheren Klassen auf eine möglichst eindeutige Handschrift.

Tafelabschriebe

Es ist sehr gut möglich, dass das autistische Kind nicht weiß, was es gerade von der Tafel abgeschrieben hat. In dem Moment des Schreibens ist es mit der Tätigkeit des Schreibens beschäftigt und kann sich gedanklich wahrscheinlich nicht gleichzeitig mit dem Inhalt dessen, was es schreibt, beschäftigen.

> **Was tun?** Erwarten Sie nicht, dass ein autistisches Kind weiß, was es gerade von der Tafel abgeschrieben hat. Lassen Sie die Kinder möglichst in Ruhe abschreiben, ohne dass Sie dabei sprechen. Für ein autistisches Kind ist es sehr schwierig und anstrengend, zwischen (Ab-)Schreiben und Lesen hin und her zu wechseln. Würde nun noch das Zuhören dazukommen, wäre das autistische Kind wahrscheinlich überfordert.

Hervorgehobene Texte in Schulbüchern

In einem Schulbuch sind wichtige Texte häufig in einem roten Kasten, fett gedruckt oder anderweitig vom restlichen Text abgesetzt. Für ein autistisches Kind ist es nicht offensichtlich, dass Texte in roten Kästen oder fett gedruckte Texte wichtiger sind als andere Textstellen. Eventuell nehmen autistische Kinder aufgrund der schwachen zentralen Kohärenz fett gedruckte Texte oder rote Kästen gar nicht wahr, da sie sich nicht im Fließtext befinden.

> **Was tun?** Reduzieren Sie auf das Wesentliche. Erklären und am besten visualisieren Sie, dass roter Text deswegen rot ist, weil das im Allgemeinen bedeutet, dass etwas besonders wichtig ist. Ebenso signalisiert fett gedruckter Text eine besonders wichtige Stelle.

Stellenwert von Objekten und deren Beziehung zueinander

Ein großes Objekt ist abgebildet und im Hintergrund oder am Rand sind weitere Objekte zu sehen. Ein autistisches Kind nimmt das große Objekt nicht unbedingt als Hauptgegenstand wahr. Vielleicht erweckt ein kleines Objekt im Hintergrund sein Interesse. Kleinigkeiten am Rand, die vielleicht keine große Bedeutung haben, sondern eher der Verzierung dienen, können so in den Vordergrund der Wahrnehmung rücken.

> **Was tun?** Reduzieren Sie auf das Wesentliche. Auch wenn sie schön ausschauen – für ein autistisches Kind sind Arbeitsblätter mit Verzierungen und Bildchen zur Auflockerung nicht geeignet.

Wechselnde Lehrkräfte, neue Frisuren und Kleider

Sie haben eine neue Frisur. Ein autistisches Kind braucht vielleicht einen Moment, um Sie als die bekannte Lehrkraft wiederzuerkennen. Etwas Ähnliches kann passieren, wenn zwei Lehrkräfte sich ähneln, also beispielsweise eine ähnliche Haarfarbe und Frisur haben.

Was tun? Sprechen Sie kurz an, dass Sie eine neue Frisur haben. Das erleichtert es dem Kind, seine Wahrnehmung richtig einzuordnen.

Wiedererkennen von Gegenständen

Die Garderobe ist sehr lang und hat viele Haken. Das Kind schafft es normalerweise, seine Jacke zu finden. Wenn aber die Jacken neben seiner Jacke anders aussehen als gewohnt oder seine Jacke berühren und diese dadurch anders aussieht, kann es seine Jacke nicht mehr eindeutig erkennen.

Was tun? Markieren Sie den Garderobenhaken des autistischen Kindes sehr eindeutig, am besten ohne Bilder oder Verzierungen, nur mit dem Namen in großen Buchstaben. Wählen Sie einen Garderobenhaken ganz am Rand.

Auditive Wahrnehmungsverarbeitung

Die auditive Wahrnehmung unterscheidet sich ganz erheblich von der visuellen Wahrnehmung. Die Augen können wir zur Not schließen und uns so vor visuellen Reizen schützen. Die Ohren hingegen können wir nicht verschließen. Das bedeutet, dass wir von Natur aus keine Möglichkeit haben, die auditive Wahrnehmung auszuschalten. Hinzu kommt, dass auditive Wahrnehmungen häufig weniger gut verarbeitet werden als visuelle.

Man kann sich die unterschiedliche Wahrnehmungsverarbeitung wie eine Autobahn und einen Trampelpfad vorstellen: Während visuelle Informationen wie auf einer Autobahn sehr schnell und ohne größere Störungen verarbeitet werden, passiert dies bei auditiven Informationen eher wie auf einem Trampelpfad. Es dauert eine ganze Weile, bis die akustischen Informationen im Gehirn angekommen sind. Auf diesem langen und beschwerlichen Weg gehen oft Informationen verloren oder werden falsch verarbeitet.
Neueste Forschungsergebnisse zeigen, dass die Verarbeitung von auditiver Kommunikation bei autistischen Menschen bereits in der subkortikalen Hörbahn verändert ist. Diese Bahn besteht aus Nervenfasern und verbindet die Ohren mit der Großhirnrinde. Im MRT-Scan zeigten autistische Personen besonders dann Abweichungen von der neurotypischen Kontrollgruppe, wenn sie sich auf die sprechende Person oder auf Stimmen allgemein konzentrierten.[13]

[13] Vgl. Schelinski/Tabas/von Kriegstein 2022, S. 1955–1972.

© dharmaraj ranabhat – Shutterstock.com

© EWY Media – Shutterstock.com

Visuelle Informationen werden schnell wie auf einer Autobahn verarbeitet, auditive Informationen bewegen sich im Gehirn eher wie auf einem Trampelpfad.

Wir verlassen uns in unseren Schulen sehr auf das Hören. Für viele autistische Kinder ist das anstrengend, ineffektiv, ermüdend und macht ihnen das Lernen (unnötig) schwer. Diese Tatsache müssen wir als gegeben hinnehmen, dafür gibt es leider keine schnelle Lösung. Generell können folgende Schwierigkeiten in der Schule auftauchen:

Mündliche Arbeitsanweisungen und Erklärungen

Wenn Sie einen Arbeitsauftrag mündlich erklären, kann es gut sein, dass es einem autistischen Kind sehr schwerfällt, Ihnen zu folgen. Das hängt häufig auch mit Schwierigkeiten in der Aufmerksamkeitslenkung zusammen. Sehr wahrscheinlich ist es für das Kind anstrengend, die auditiv aufgenommenen Informationen richtig und vollständig zu verstehen.

> **Was tun?** Geben Sie, wann immer möglich, Arbeitsaufträge in schriftlicher Form. Fassen Sie sich bei Erklärungen möglichst kurz. Reduzieren Sie das, was Sie sagen, auf das Wesentliche und achten Sie sehr auf den roten Faden. Sprechen Sie möglichst nicht, wenn die Kinder einen Tafelanschrieb in ihr Heft übertragen.

Mehrere Personen sprechen gleichzeitig

Immer wieder passiert es im Unterricht, dass mehrere Personen gleichzeitig sprechen. Ein Kind unterbricht ein anderes Kind oder fällt Ihnen ins Wort oder das Unterrichtsgespräch wird etwas lebhafter. Für ein autistisches Kind ist dies noch anstrengender als für neurotypische Kinder, weil es weniger Möglichkeiten hat, Unwichtiges auszublenden.

> **Was tun?** Seien Sie „streng" und achten Sie darauf, dass wirklich immer nur eine Person spricht.

Lautstärke im Klassenzimmer

Viele autistische Kinder können es nur schwer aushalten, wenn es im Unterricht laut und lebendig zugeht. Da sich das Stresslevel bei autistischen Kindern oft nur langsam wieder senkt, kann es sein, dass sie auch nach der lebhaften Unterrichtsphase noch gestresst sind und länger brauchen, um sich wieder zu regulieren.

> **Was tun?** Beobachten Sie das Kind. Falls es sehr sensibel auf Lautstärke reagiert, kann ein Schallschutzkopfhörer sinnvoll sein. Das Kind kann ihn bei Bedarf aufsetzen, um sich vor zu großer Lautstärke zu schützen. Vielleicht werden Sie das Kind auffordern müssen, den Kopfhörer auch zu benutzen. Schaffen Sie einen Rückzugsort, an dem das Kind eine kurze „soziale Pause" machen kann.

Keine Reaktion auf Ansprache

Sie sprechen ein Kind direkt an und stellen eine Frage. Es kann sein, dass das Kind in diesem Moment der „Aufregung" Ihre Sprache verzerrt wahrnimmt oder nur einzelne Worte hört und so den Sinn Ihrer Worte nicht versteht.

> **Was tun?** Sprechen Sie langsam und wiederholen Sie Ihre Frage, ohne dies zu kommentieren. Wiederholen Sie sie gegebenenfalls auch ein drittes Mal.

Singen und Musikinstrumente

Manche autistischen Kinder nehmen Geräusche anders wahr als neurotypische Gleichaltrige. Das kann bedeuten, dass sie Singen oder den Klang einzelner Musikinstrumente als extrem unangenehm oder sogar schmerzhaft empfinden. Es kann auch sein, dass sie auf den Text von Liedern sehr sensibel reagieren. Vielleicht nehmen sie den Text wörtlich oder die darin ausgedrückten Emotionen gehen ihnen zu nah.

> **Was tun?** Ermöglichen Sie es dem Kind, für diese Zeit das Klassenzimmer zu verlassen oder sich im Hintergrund zu halten. Bestehen Sie auch nicht auf einem Geburtstagslied.

Hautempfindungen

Die Haut ist unser größtes Organ, auch wenn wir im Alltag nicht besonders viel davon mitbekommen. Für manche autistischen Kinder ist dies anders: Sie haben eine sehr differenzierte Hautempfindung, die Sie unbedingt ernst nehmen sollten.

Empfindlichkeit gegenüber Materialien

Manche Kinder sind so empfindlich gegenüber bestimmten Stoffen oder Nähten auf der Haut, dass sie Kleidung auf links tragen oder, wenn sie älter sind, zumindest die Etiketten aus der Kleidung entfernen und nur bequeme und weiche Kleidung (keine Jeans) anziehen.

> **Was tun?** Lassen Sie das Kind in Trainingshose zur Schule kommen. Behalten Sie die mögliche Empfindlichkeit im Hinterkopf, zum Beispiel bei Verkleidungen o. Ä.

Temperaturwahrnehmung

Oft sind autistische Kinder sehr empfindlich gegenüber Temperaturschwankungen. Ihre Wohlfühltemperatur bewegt sich zuweilen nur in einem sehr eingeschränkten Bereich. Lange Ärmel geben ihnen manchmal ein Gefühl von Sicherheit. Wenn es aber sehr warm ist, wird das problematisch. Oft merken sie, dass sie schwitzen oder frieren, stellen dann aber nicht den Zusammenhang zu ihrer Kleidung her, um die Jacke zu öffnen bzw. zu schließen.

> **Was tun?** Fragen Sie das Kind, ob es das lange Hemd ausziehen möchte, wenn es heiß ist, oder ob es die Jacke wieder anziehen möchte, wenn es kalt ist. Wahrscheinlich fühlt es sich sehr unwohl, ist aber noch nicht selbst auf die Idee gekommen, dass es schwitzt oder friert und dass es etwas an- oder ausziehen könnte, um dieses unangenehme Gefühl zu verändern (siehe S. 19).

Überempfindlichkeit gegenüber Schmerz

Manches Kind empfindet schon eine Berührung an der Schulter als schmerzhaft. Dies kann vor allem in Pausensituationen beim Spielen zu Problemen führen.

> **Was tun?** Schaffen Sie einen Ort, an den sich das Kind zurückziehen kann. Achten Sie darauf, dass alle Lehrkräfte davon Kenntnis haben und das Kind im Unterricht nicht versehentlich berühren.

Unempfindlichkeit gegenüber Schmerz

Manche autistischen Kinder verletzen sich beim Toben auf dem Schulhof, ohne dass ihnen dies bewusst ist. Ebenso kann es sein, dass sie ein anderes Kind verletzen, ohne es zu bemerken.

> **Was tun?** Stärken Sie das Körpergefühl mit unterschiedlichen Übungen. Vereinbaren Sie Stopp-Regeln, die die anderen Kinder einsetzen können, wenn es zu wild wird. Behalten Sie dies im Hinterkopf, falls das Kind sich verletzt. Es könnte schlimmer sein, als das Kind es empfindet.

Weigerung, bestimmte Materialien zu berühren

Es gibt Kinder, die es unangenehm finden, Materialien zu berühren, die schleimig und undefiniert sind. Sie weigern sich dann etwa, Fingerfarbe zu benutzen.

> **Was tun?** In einem solchen Moment können Sie dem Kind einen Pinsel oder ein Schwämmchen anbieten, um ihm die Mitarbeit zu ermöglichen.

Geruch und Empfindungen im Mund

Viele autistische Kinder haben eine auffällige sensorische Wahrnehmungsverarbeitung in Nase und Mund. Fachkräfte müssen dies wissen, damit sie entsprechende Reaktionen der Kinder richtig einordnen und ihnen nicht unrecht tun.

Das Kind empfindet bestimmte Gerüche als unangenehm

Ein Kind reagiert mit großer Abneigung auf bestimmte Gerüche. Dies kann ein Deodorant, eine Chemikalie oder ein sonstiger Geruch sein, der Ihnen als neurotypische Lehrkraft vielleicht nicht einmal auffällt. Dabei kann es vorkommen, dass ein Geruch, der uns überhaupt nicht unangenehm ist, bei einem autistischen Kind schon fast einen Würgereiz verursacht.

> **Was tun?** Nehmen Sie Äußerungen des Kindes in dieser Situation ernst. Geben Sie dem Kind Gelegenheit, dem Geruch auszuweichen, wenn das möglich ist. Sie können auch versuchen, für einen angenehmeren Geruch zu sorgen. Falls das Problem häufig auftritt, kann das Kind einen Duftbeutel bei sich haben, an dem es bei Bedarf riechen kann, um einen „Gegenreiz" zu schaffen.

Das Kind ist überempfindlich gegenüber Essensgerüchen

Ein Kind reagiert zum Beispiel empfindlich auf Essig- oder Wurstgeruch und kann nicht mit den anderen am Tisch sitzen, wenn eine Schüssel Salat mit Essigsoße oder eine Wurstplatte auf dem Tisch steht.

> **Was tun?** Versuchen Sie, ein Fenster zu öffnen oder die entsprechende Speise weit weg zu stellen. Trotzdem kann es sein, dass der Geruch für das Kind zu unangenehm ist. Wenn Sie nicht darauf verzichten wollen, sollten Sie es dem Kind ermöglichen, woanders zu sitzen.

Das Kind nimmt einen Geruch nicht wahr

Ein autistisches Kind riecht beispielsweise stark nach Schweiß. Das Kind selbst merkt das nicht, die Klassenkamerad*innen jedoch schon.

Was tun? Überlegen Sie, wer die richtige Person ist, um mit dem Kind oder Jugendlichen darüber zu sprechen. Hier würde sich auch eine Social Story (Soziale Anleitung) anbieten (siehe S. 49).

Das Kind lehnt bestimmte Lebensmittel oder Gerichte ab

Viele autistische Kinder haben eine besondere Wahrnehmungsverarbeitung im Mund. Oft ist es nicht der Geschmack, den sie ablehnen, sondern die Konsistenz einer Speise. Manche Kinder weigern sich etwa, weiche Speisen oder aus mehreren Zutaten vermischte Gerichte, wie Nudeln mit Soße, zu essen. Eine Erklärung könnte die schwache zentrale Kohärenz bei autistischen Kindern sein. Wenn wir als neurotypische Menschen Nudeln mit Tomatensoße essen, meldet unser Gehirn: „Nudeln mit Tomatensoße". Bei einem neurodiversen Menschen mit schwacher zentraler Kohärenz meldet das Gehirn vermutlich: „Nudeln: Spaghetti. Sind sie weich gekocht oder al dente? Soße: Tomatenstückchen in unterschiedlicher Größe, wässrige Teile. Oregano und andere Kräuter: Welche? Salz: Wie salzig? Genug Salz? Käse: gerieben. Wie groß sind die Stückchen? Welcher Käse ist es? Parmesan oder ein anderer? Ist er schon geschmolzen oder noch nicht?" Das Gehirn kann also auch hier aus den einzelnen Details schwer einen sinnvollen Gesamtzusammenhang herstellen.

Was tun? Sie sollten diesen Umstand hinnehmen und das Kind nicht zum Probieren drängen. Vermutlich war es in seinem Leben schon sehr oft in Situationen, in denen es etwas probieren sollte, das ihm sehr unangenehm war. Es könnte sein, dass das Kind in der Schule lieber etwas hinunterwürgt, als zu sagen, dass es das nicht möchte (siehe S. 54).
Ermöglichen Sie es dem Kind zum Beispiel, Nudeln ohne Soße zu essen. Das Kind sollte sich nicht rechtfertigen müssen. Es „stellt sich nicht an", sondern hat hier eine Besonderheit in der Wahrnehmungsverarbeitung, für die es nicht verantwortlich ist und die man auch nicht unbedingt durch „Üben" ändern oder trainieren kann.

Das Kind toleriert nur bestimmte Geschmacksrichtungen

Viele Kinder im Autismus-Spektrum benötigen auch beim Geschmack sehr eindeutige und klare Informationen. Manche Kinder essen beispielsweise nur sehr salziges Essen und streuen sich viel Salz über jedes Essen.

Was tun? Sie können dem Kind einen kleinen Messlöffel anbieten, den es mit Salz füllen kann. Diese Menge Salz darf es über sein Essen streuen. So können Sie verhindern, dass das Kind allzu große Mengen Salz zu sich nimmt. Auf keinen Fall sollten Sie das Kind jedes Mal ermahnen, nicht zu viel Salz zu verwenden.

Räumliche Wahrnehmungsverarbeitung

Aufgrund der oft schwach ausgeprägten zentralen Kohärenz haben autistische Kinder sehr häufig Schwierigkeiten mit der räumlichen Orientierung. Sie nehmen Details wahr, können aber schlecht den Überblick behalten oder einen Zusammenhang herstellen.

Das Kind findet das Klassenzimmer nicht

Ein Kind findet sich im Schulhaus nicht zurecht, wenn es von einem in ein anderes Klassenzimmer gehen soll, obwohl der Weg eigentlich bekannt ist.

Was tun? Zu Beginn der Schulzeit sollte das Kind in Ruhe, am besten nachmittags, Gelegenheit haben, die Klassenzimmer zu sehen und die Laufwege zu üben. Es kann trotzdem sein, dass das Kind sich zu Beginn des Schulalltags nicht gut zurechtfindet. Durch die Anwesenheit der anderen Kinder und eventuell die innere Anspannung nimmt das Kind Distanzen und räumliche Gegebenheiten anders wahr, als wenn die Schule leer ist. Klebestreifen auf dem Boden oder an der Wand können dem Kind helfen, die Wege sicher und ohne viel Nachdenken zu finden.

Tritt eine Änderung ein, findet das Kind sich nicht zurecht

Im Schulhaus ist eine Treppe oder ein Eingang gesperrt. Das Kind müsste also seinen gewohnten Laufweg ändern. Obwohl es eigentlich die anderen Möglichkeiten kennt, kann es sein, dass es sich nicht zurechtfindet.

Was tun? Bei kurzfristigen Änderungen, die Sie mit dem Kind nicht vorab besprechen konnten, können Sie Pfeile auf den Boden kleben und das Kind anweisen, ihnen zu folgen. Vielleicht ist es dem Kind auch möglich, mit einem Klassenkameraden oder einer Klassenkameradin zu gehen.

Das Kind stößt an Tischen und Stühlen an

Ein Kind läuft scheinbar ungeschickt durch das Klassenzimmer und stößt immer wieder an Tische oder Stühle.

Was tun? Eine gute, zuverlässige Ordnung im Klassenzimmer hilft den Kindern bei der Orientierung. Lassen Sie die Anordnung der Tische möglichst konstant. Eine klassische Sitzordnung in Reihen hat für autistische Kinder viele Vorteile.

Propriozeptive Wahrnehmungsverarbeitung

Viele autistische Kinder verarbeiten nicht nur sensorische Sinneseindrücke anders, sondern auch innere Körpervorgänge.

Körperliche Vorgänge werden deutlich wahrgenommen

Das Kind nimmt das „Gluckern" im Bauch stark wahr und das Geräusch beansprucht seine ganze Aufmerksamkeit. Ist das „Gluckern" vorüber, kann das Kind sich wahrscheinlich wieder konzentrieren. In einem solchen Moment ist es für Außenstehende schwierig, nachzuvollziehen, warum das Kind gerade nicht konzentriert ist. Das Kind wird das Gluckern im Bauch wahrscheinlich selbst nicht bewusst wahrnehmen.

Was tun? Sie können das Kind ansprechen und die Aufmerksamkeit behutsam, aber eindeutig auf die aktuelle Aufgabe lenken. Dabei sollten Sie nicht zu viel sprechen und Ihr Anliegen klar und deutlich formulieren. Ansonsten kann es passieren, dass das Kind zu viele Informationen gleichzeitig verarbeiten muss: eigene körperliche Vorgänge, das Sprechen der Lehrkraft, das Lenken der Aufmerksamkeit auf eine Aufgabe, Verstehen, was bei der Aufgabe zu tun ist. Wenn Sie reduziert sprechen und klare Anweisungen geben, können Sie dem Kind helfen, nicht in eine sensorische Überforderungssituation zu geraten.

Auffällige motorische Ungeschicklichkeit

Das Kind bewegt sich in den Pausen oder im Sport sehr ungeschickt. Es macht den Eindruck, seinen Körper nicht richtig zu kennen oder Bewegungen nicht gut koordinieren zu können.

Was tun? Es ist gut, die eigene Körperwahrnehmung spielerisch zu trainieren. Unterschiede zu Gleichaltrigen können trotz Üben bestehen bleiben.

Auffälligkeiten in der Tiefenwahrnehmung

Das Kind nimmt Reize sehr schwach wahr. Es kann beispielsweise vorkommen, dass es andere Kinder sehr fest anfasst, ohne dass ihm dies bewusst ist.

Was tun? Sie sollten dies beobachten. Wenn es häufig zu körperlichen Auseinandersetzungen kommt, kann es sein, dass das Kind hier eine schwache Wahrnehmungsverarbeitung hat. In diesem Fall können Sie mit dem Kind darüber ins Gespräch kommen, zum Beispiel mithilfe einer Skala: „Auf einer Skala von 0 bis 10: Wie weh tut es, wenn man den Arm fest drückt?" So kann das Kind eine größere Sensibilität entwickeln.

Wahrnehmungsverarbeitung und Stress

Die Entstehung von Stress hängt eng mit den Besonderheiten in der Wahrnehmungsverarbeitung zusammen. Auch hier gilt: Jedes autistische Kind ist anders und verarbeitet Reize anders. Die Wahrscheinlichkeit ist jedoch hoch, dass ein autistisches Kind leicht Stress erlebt. Die Fähigkeit, unwichtige Reize sofort zu identifizieren, ist weniger gut ausgebildet – entweder in einem oder in mehreren Bereichen der Wahrnehmung. Das bedeutet, dass das Kind im Gegensatz zu neurotypischen Gleichaltrigen jede Information aktiv verarbeiten muss, bevor sie vom Gehirn als „unwichtig" aussortiert werden kann. Hierfür muss es Energie aufwenden, was anstrengend ist. Durch diese pausenlose Anstrengung während des Schulalltags erhöht sich der Erregungszustand des Kindes, auch wenn kein sichtbarer Auslöser für Stress zu erkennen ist. Autistische Kinder haben darüber hinaus größere Schwierigkeiten, ein erhöhtes Stresslevel wieder zu regulieren. Viele Situationen im Schulalltag tragen eher noch zu einem subjektiven Erleben von Anstrengung und Stress bei.

Klarheit, Struktur und Vorhersehbarkeit in jedem Bereich der Wahrnehmung helfen Kindern, ihr Grundstresslevel möglichst niedrig zu halten.

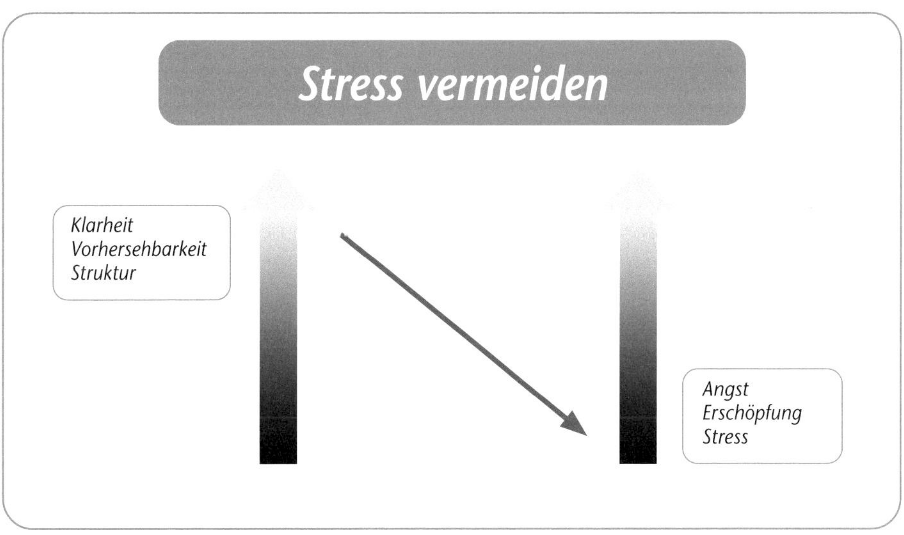

Zusammenhang zwischen Stress und Wahrnehmung: Je klarer und vorhersehbarer eine Situation ist, desto geringer bleibt das Stresslevel. Sehr häufig haben autistische Kinder weniger gute Möglichkeiten, ein erhöhtes Stresslevel wieder zu regulieren, und benötigen hierfür mehr Zeit. Daher ist es immer günstig, dafür zu sorgen, dass ihr Stresslevel nicht allzu sehr ansteigt.

Eine Reduktion auf das Wesentliche ist ebenfalls immer hilfreich, um den Erregungszustand insgesamt eher niedrig zu halten. Dies kann die Orientierung auf einem Arbeitsblatt ebenso betreffen wie das Stimmengewirr im Klassenzimmer oder jeden anderen Bereich der Wahrnehmung. Je mehr Unklarheit in den Bereichen der sensorischen Wahrnehmung besteht und je weniger eine Situation durch Klarheit und Struktur gekennzeichnet ist, umso schwerer wird sie nachvollziehbar und korrekt verarbeitet. So kann es zu einer sensorischen Überforderung kommen und damit zur Entstehung von Stress bzw. der Erhöhung des Stresslevels.

Besonderheiten in der Kommunikation autistischer Kinder

Unterschiede zwischen autistischen Kindern und neurotypischen Gleichaltrigen

Im großen Feld der Kommunikation zeigen sich oftmals erhebliche Unterschiede zwischen Kindern im Autismus-Spektrum und ihren neurotypischen Klassenkamerad*innen.

Nonverbale Kommunikation

Die Deutung von Gestik und Mimik

Viele autistische Kinder finden es schwierig, Gestik und Mimik ihres Gegenübers richtig zu deuten. Kommunikationsinhalte, die nonverbal kommuniziert werden, entgehen ihnen deshalb oft oder sie interpretieren sie falsch. Besonders Informationen, die ungenau kommuniziert werden, können sie oftmals nicht richtig deuten. Dies kann etwa der noch beherrschte Gesichtsausdruck sein, aus dem ein autistisches Kind nur sehr schwer die Kritik der Lehrkraft herauslesen kann.

Was tun? Ein autistisches Kind benötigt klare und eindeutige Informationen, um nonverbale Signale richtig zu interpretieren. Es ist hilfreich, Gestik und Mimik möglichst deutlich zu zeigen. So hat ein autistisches Kind eher die Chance, Informationen daraus zu entnehmen. Sehr häufig gelingt es dem Kind trotz aller Deutlichkeit nur schwer, nonverbale Signale richtig zu interpretieren. Dann ist es hilfreich, Dinge zu verbalisieren, die Sie normalerweise nonverbal kommunizieren würden. Sie können zum Beispiel nicht nur lächeln und nicken, sondern dazusagen: „Das hast du gut gemacht." Im Zusammenhang mit der nonverbalen Kommunikation stehen auch die Theory-of-Mind-Fähigkeiten (siehe S. 56).

Passender Einsatz von Gestik und Mimik

Autistische Kinder und Jugendliche selbst setzen oft wenig Gestik und Mimik ein, um ihre sprachliche Kommunikation zu begleiten oder eigenes Befinden auszudrücken. Oft wirken sie daher unbeteiligt oder wenig emotional. Ein autistisches Kind kommt häufig nicht auf die Idee, dass Gestik und Mimik Informationen transportieren sollen. Es ist für ein autistisches Kind oft anstrengend, auf diesem Weg Informationen über sein Befinden auszudrücken – etwa so, als sollten wir in einer Fremdsprache kommunizieren, die wir nicht gut beherrschen.

Was tun? Es ist wichtig, sich dessen bewusst zu sein, damit man das Verhalten des Kindes richtig einordnen kann und ihm nicht unrecht tut. Bei der Aufklärung der Klasse (siehe S. 139) können Sie diesen Punkt ebenfalls besprechen.

Sprachverständnis

Aus Details auf den Gesamtzusammenhang schließen

Auch bei dem Verständnis von Sprache spielt die zentrale Kohärenz (siehe S. 18) eine große Rolle. Menschen mit schwacher zentraler Kohärenz haben Schwierigkeiten, Details in einen sinnvollen Gesamtzusammenhang zu setzen. Im Bereich sprachlicher Interaktion führt dies zu Missverständnissen und dazu, dass Kommunikation nicht gut gelingt. Ein Beispiel: Sie haben in der Stunde mehrere Übungen zu Vokabeln gemacht und deuten nun an, dass es in der nächsten Woche einen Vokabeltest geben könnte. Den neurotypischen Kindern ist klar, dass nächste Woche ein Vokabeltest die Vokabeln abfragt, die sie gerade geübt haben. Das autistische Kind stellt diesen Zusammenhang nicht unbedingt her.

Was tun? Kommunizieren Sie klar und deutlich. Am besten kündigen Sie den Vokabeltest schriftlich an und geben die Seitenzahlen der Vokabeln an, die abgefragt werden. Es ist ein behinderungsbedingter Nachteil, wenn sich das autistische Kind hier aufgrund seiner schwachen zentralen Kohärenz nicht die gleichen Informationen erschließen kann wie die neurotypischen Kinder.

Soziale Funktion von Kommunikation

Vielfach fällt es autistischen Kindern schwer, die soziale Funktion verbaler Kommunikation zu verstehen. Auf die Frage „Wie geht es dir?" beispielsweise gibt es sehr viele Antwortmöglichkeiten. Ein autistisches Kind weiß nicht automatisch, dass diese Frage eher einen sozialen Aspekt von Kommunikation bedient und der*die Gesprächspartner*in weniger eine differenzierte Antwort erwartet. Das Angebot zur Kommunikation, das diese Frage enthält, entgeht dem autistischen Kind wahrscheinlich. Für ein autistisches Kind ist es darüber hinaus oft schwer nachvollziehbar, warum dieser Aspekt von Kommunikation überhaupt existiert. Viele Kinder im Autismus-Spektrum haben durchaus einen Freundeskreis und pflegen soziale Kontakte. Jedoch wird Sprache meistens eher als „Mittel zum Zweck" verstanden und weniger als Möglichkeit, zwischenmenschliche Beziehung zu gestalten. Dazu kommt häufig die Schwierigkeit, die gesellschaftlichen „Codes" zu entschlüsseln, also „zwischen den Zeilen zu lesen". Oftmals kommt es zu Konflikten, wenn autistische Kinder scheinbar „unsensibel" oder ungeschickt kommunizieren. Sie merken zum Beispiel manchmal nicht, wann ein Gesprächsthema aus Sicht der anderen Kinder erschöpft ist.

Was tun? Es ist prinzipiell gut, wenn autistische Kinder lernen, wie Smalltalk funktioniert. Wenn sie diese unausgesprochenen Grundregeln einigermaßen beherrschen, wird vieles für sie leichter sein, besonders wenn sie älter werden. Allerdings wird die Schule wahrscheinlich nur begrenzte Ressourcen haben, um diese Fähigkeiten in einem guten Rahmen zu üben. In einer autismusspezifischen Förderung ist dies wahrscheinlich eher möglich.

In der Schule können Sie dem Kind helfen, indem Sie Smalltalk vermeiden. „Wie waren die Ferien?" ist eine Frage, die für ein autistisches Kind unendlich viele Antwortmöglichkeiten bietet. Es wird mit der Beantwortung dieser Frage vermutlich überfordert sein und entweder überhaupt nicht antworten, wütend werden, weil es die Frage nicht beantworten kann, oder eine unpassende Antwort geben. Wir sind es gewohnt, unserem Gegenüber durch Smalltalk zu signalisieren: „Alles ist okay, ich interessiere mich für dich, ich habe keine bösen Absichten." Für ein autistisches Kind erschließt sich diese Funktion von Kommunikation aber sehr wahrscheinlich nicht von allein. Darum kann es hilfreich sein, wenn Sie anstelle von Smalltalk konkrete Fragen stellen, auf die es eine eindeutige Antwort gibt: „Warst du in den Ferien am Meer?" oder „Wohin seid ihr in den Ferien verreist?" So werden die Antwortmöglichkeiten eingegrenzt und dem Kind fällt es leichter, eine Antwort zu geben.
Machen Sie sich bewusst, dass Sie in der Schule kein therapeutisches Setting bieten können und dass Sie wahrscheinlich auch keine therapeutische Ausbildung haben. Um die kommunikativen Fähigkeiten mit einem autistischen Kind zu üben, ist zusätzlich zur Schule ein geschützter und passender Rahmen nötig.

Es ist nicht hilfreich, einfach wie gewohnt zu kommunizieren und davon auszugehen, dass das Kind durch „Üben" die kommunikativen Fähigkeiten erlernen wird.

Aussagen werden wörtlich genommen

Viele autistische Kinder nehmen Aussagen ihres Gegenübers wörtlich. Redewendungen oder bildhafte Sprache, wie zum Beispiel Metaphern, können sie daher oft nicht richtig einordnen. Dies kann sehr leicht zu Missverständnissen führen. Sie sagen beispielsweise zu den Schüler*innen: „Ihr bringt mich noch auf die Palme." Das autistische Kind versteht dies nicht, da keine Palme im Klassenzimmer zu sehen ist.

Was tun? Verzichten Sie möglichst auf Redewendungen und bildhafte Sprache. Achten Sie darauf, Sprache eindeutig und klar zu gebrauchen. Verwenden Sie möglichst treffende Begriffe. Wenn Sie beispielsweise von „Schneckentempo" sprechen, ist es hilfreich, zu erklären, warum Sie diesen Begriff benutzen und was Sie damit ausdrücken wollen. „Man sagt ‚Schneckentempo', wenn jemand sehr langsam ist, weil sich eine Schnecke ebenfalls sehr langsam fortbewegt." Ein autistisches Kind wird diese

Übertragungsleistung möglicherweise nicht allein bewerkstelligen können. Es ist hilfreich, wenn das Kind nach und nach lernt, dass wir Metaphern einsetzen und wie diese zu verstehen sind. Es wird aber vielleicht für jede Metapher oder Redewendung eine Erklärung benötigen.

Ironie und Sarkasmus

Ein autistisches Kind kann eine ironische oder sarkastische Äußerung nicht als solche identifizieren, sondern nimmt sie ernst.

Was tun? Vermeiden Sie unbedingt Sarkasmus und Ironie in Ihrem Sprachgebrauch. Kommunizieren Sie sehr klar und sehr eindeutig. Machen Sie ganz deutlich, wenn Sie einen Witz machen.

Das Kind hört scheinbar nicht zu

Ein*e Schüler*in erzählt etwas. Das autistische Kind reagiert nicht wie sonst mit Nicken, Äußerungen der Zustimmung oder Blickkontakt, sodass der Eindruck entsteht, es hätte kein Interesse an dem Gespräch oder würde nicht zuhören.

Was tun? Falls dieses Verhalten zum Problem wird, können Sie es mit der Klasse besprechen (siehe S. 139). Falls es Sie selbst als Lehrkraft betrifft, ist es wichtig, dieses Verhalten richtig einzuordnen und nicht davon auszugehen, dass das Kind kein Interesse hat.

- Reduzieren Sie Ihre Worte und Sätze auf das Nötigste.
- Verwenden Sie eindeutige und klare Worte.
- Formulieren Sie kurze Sätze.
- Sprechen Sie langsam. Machen Sie Sprechpausen.

Sprachgebrauch

Das Kind korrigiert andere

Es kann sein, dass ein autistisches Kind Sprache sehr genau nimmt. Wenn dieses Kind dann kleinere Abweichungen von Regeln oder Ungenauigkeiten wahrnimmt, korrigiert es diese unaufgefordert.

Was tun? Wenn möglich, sollten Sie das Kind nicht darauf hinweisen. Es könnte sonst passieren, dass es sich mit der Zeit zurückzieht. Sehr gut lässt sich ein solches Thema mit einer Sozialen Anleitung (siehe S. 49) aufgreifen, um dem Kind verständlich zu machen, wieso das auf andere befremdlich wirken kann. Dieses Thema sollte in einem anderen Setting wie beispielsweise der Autismustherapie aufgegriffen werden.

Starre Satzkonstrukte oder „Professorensprache"

Viele autistische Kinder halten sich sehr starr an Satzbauregeln. Das kann wirken, als würden sie wie kleine Erwachsene oder „kleine Professoren" sprechen.

> **Was tun?** Kommentieren Sie diese Besonderheit möglichst nur sehr vorsichtig, indem Sie das Kind für die Möglichkeit sensibilisieren, Sätze unterschiedlich und dennoch korrekt zu bilden.

Das Kind hält einen „Monolog"

Das Kind spricht ohne Pause über ein Thema. Es findet kein Dialog mit dem Gegenüber statt.

> **Was tun?** Im Rahmen des Unterrichts ist es schwierig, die kommunikativen Fähigkeiten des Kindes zu trainieren, ohne das Kind zu kritisieren. Vielleicht können Sie mit dem Kind ein Zeichen verabreden, das ihm eine Sprechpause signalisiert.

Prosodie (Sprachmelodie)

Manche Kinder modulieren ihre Stimme nur sehr wenig, sodass ihre Sprache als ausdruckslos empfunden wird. Andere betonen sehr eigenwillig, weshalb sich ihre Stimmmelodie merkwürdig anhört. Vielleicht werden einzelne Worte betont, der Ton steigt am Ende einer Frage nicht an oder Silben werden verschluckt.

> **Was tun?** Prinzipiell ist es wichtig, dass das Kind im Laufe der Zeit lernt, Sprache so einzusetzen, dass sie von seinem Gegenüber verstanden wird. Jedoch sollte dies in einem angenehmen und sicheren Rahmen geschehen und nicht unbedingt im Schulkontext, besonders nicht vor versammelter Klasse. In der Schule ist es wichtig, sich über diese Besonderheit im Klaren zu sein.

Unangemessene Gedanken aussprechen („schonungslose Wahrheit")

Manchmal fällt es autistischen Kindern sehr schwer, zu verstehen, dass man nicht immer direkt das sagt, was man denkt. Auch eine „soziale Lüge" oder eine gesellschaftlich akzeptierte und gewollte „Notlüge" zu benutzen, erschließt sich ihnen oft nicht von allein. Das kann dazu führen, dass sie andere Menschen vor den Kopf stoßen oder ungewollt beleidigen.

> **Was tun?** Falls Sie in der Schule die zeitlichen Ressourcen dafür haben, können Sie sehr gut eine Soziale Anleitung oder ein Comicstrip-Gespräch (siehe S. 46) zu diesem Thema einsetzen, um dem Kind diese Besonderheit unserer zwischenmenschlichen Kommunikation näherzubringen und zu erklären, in welchen Situationen die Regel „Du sollst die Wahrheit sagen" zugunsten der Regel „Du sollst andere Menschen nicht verletzen" in den Hintergrund tritt.

Soziale Anleitung: Die Wahrheit sagen oder lügen

*Alle Kinder lernen, dass man ehrlich sein soll. In den meisten Fällen ist es gut, wenn man ehrlich ist und die Wahrheit sagt. Es gibt aber Situationen, in denen man nicht die Wahrheit sagt. Man nennt das eine „Notlüge". Wenn die Wahrheit einen Klassenkameraden oder eine Klassenkameradin verletzen würde, ist es gut, wenn ich eine kleine Notlüge sage. Es ist dann nicht so wichtig, die Wahrheit zu sagen. Es ist dann wichtiger, auf die Gefühle meiner Klassenkameradin oder meines Klassenkameraden Rücksicht zu nehmen. Manchmal ist es schwer, zu entscheiden, ob ich die Wahrheit oder eine Notlüge sagen soll. Dann kann ich darüber nachdenken, was meine Klassenkameradin oder meinen Klassenkameraden freuen würde. Wenn ich denke, er*sie würde sich über die Notlüge freuen, ist es in Ordnung, in diesem Fall nicht die Wahrheit zu sagen. Es ist schön, wenn die Klassenkamerad*innen sich über das freuen, was ich sage.*

Aussprechen von Gedanken und Selbstgespräche

Manche Kinder sprechen ihre Gedanken laut aus oder führen Selbstgespräche. Dies hilft ihnen, sich innerlich zu sortieren, die eigenen Gedanken und Gefühle zu ordnen, sich zu beruhigen oder auch, sich selbst besser wahrzunehmen.

Was tun? Wenn das Selbstgespräch sehr unpassend ist, besprechen Sie mit dem Kind in einer ruhigen Minute, in welchen Situationen das als unpassend empfunden wird. Sie können auch hier sehr gut eine Soziale Anleitung einsetzen.
Manchen Kindern hilft es, einen Notizblock zu haben, auf dem sie ihre Gedanken notieren können, damit sie keine Angst haben müssen, sie zu vergessen.

Plötzlicher Themenwechsel

Ein Kind wechselt sehr plötzlich das Thema des Gesprächs. Der*die Gesprächspartner*in ist davon überrumpelt. Vielleicht ist der Themenwechsel im Verlauf des Unterrichtsgeschehens auch unpassend. Das Kind konnte vielleicht keinen inneren Bezug mehr zum Thema herstellen oder das Thema wurde aus seiner Sicht erschöpfend besprochen. Es kann dann wahrscheinlich schwer aushalten, dass noch weiter über dieses Thema gesprochen wird.

Was tun? Sie können wieder zum eigentlichen Thema des Gesprächs zurückleiten. Wenn das Kind ein Thema anspricht, das in diesem Moment nicht passt, sollten Sie das verbalisieren („Wir sprechen gerade noch über XY.").

Es kann hilfreich sein, wenn das Kind etwas hat, mit dem es sich in der Zwischenzeit beschäftigen kann, wenn es dem Gespräch nicht mehr folgen kann.

Gebrauch von Schimpfwörtern

Manche autistischen Kinder benutzen Schimpfwörter intensiver als neurotypische Gleichaltrige. Einige benutzen sie auch gegenüber Lehrkräften, was neurotypische Gleichaltrige nicht tun würden. Dies hängt oft mit ihren schwachen Fähigkeiten im Bereich Theory of Mind zusammen (siehe S. 56). Da sie sich nicht ohne Weiteres in das Empfinden ihres Gegenübers hineinversetzen können, haben sie oft auch weniger Hemmungen, Schimpfwörter gegenüber anderen Personen zu benutzen. In dem Moment, wo sie das Schimpfwort benutzen, können sie nur schwer einen Zusammenhang dazu herstellen, wie ihr Gegenüber das empfindet.

Was tun? Klarheit und Vorhersehbarkeit sind immer hilfreich, damit Kinder im Autismus-Spektrum möglichst wenig zusätzlichen Stress empfinden. Befindet sich das Kind bereits auf einem hohen Stresslevel und kam es zu einem unangebrachten Gebrauch von Schimpfwörtern, können Sie nur noch deeskalierend handeln bzw. die unangemessenen Äußerungen ignorieren (siehe S. 69).

Visuelle Unterstützung von Kommunikation

Viele autistische Kinder profitieren sehr stark, wenn verbale oder nonverbale Kommunikation visuell unterstützt wird. Dafür gibt es unterschiedliche Gründe.

Visuelle Informationen werden besser verarbeitet als auditive Informationen

Während das Gehirn visuelle Informationen sehr schnell verarbeitet, dauert es eine Weile, bis akustische Informationen im Gehirn angekommen sind. Auf diesem langen Weg gehen oft Informationen verloren oder es kommt zu einer fehlerhaften Verarbeitung (siehe S. 27).

Visuelle Kommunikation ist konsistenter

Auditive Kommunikation ist flüchtig. Wir hören sie und im nächsten Moment ist sie verschwunden. Man kann sich nicht noch einmal darauf beziehen oder sich rückversichern. Auch ist es häufig nur wenig hilfreich, das Gesagte zu wiederholen. Vielleicht verwenden Sie nicht exakt dieselben Worte, vielleicht

ist Ihre Sprachmelodie etwas anders als beim ersten Mal oder Sie gehen beim Sprechen durch das Klassenzimmer. All dies hat einen Einfluss auf die Verarbeitung auditiv wahrgenommener Information. Im Gegensatz dazu bleiben visuell kommunizierte Informationen bestehen. Das Kind kann sie wiederholt wahrnehmen, indem es sie beispielsweise nochmals anschaut. Jede visuelle Unterstützung einer Kommunikation kann für ein autistisches Kind hilfreich sein. Sagen Sie die Hausaufgaben beispielsweise nicht nur mündlich an, sondern schreiben Sie sie an die Tafel.

Visuelle Kommunikation ist eindeutiger

Mit einer Vielzahl von Emojis drücken wir in der elektronischen Kommunikation bestimmte Gefühle visuell aus. Aufgrund ihrer sehr eindeutigen und überzeichneten „Gesichter" können autistische Menschen Emojis viel einfacher verstehen als emotionale Botschaften, die im direkten Kontakt nonverbal kommuniziert werden würden. Für autistische Kinder und Jugendliche ist der Einsatz von Emojis oftmals eine Erleichterung.[14] Sie selbst können Emojis ebenfalls gezielt verwenden, um sich auszudrücken. Das ist häufig sehr viel einfacher, als sich anderer Kommunikationswege zu bedienen.
Die Kommunikation über Textnachrichten hat außerdem den Vorteil, dass die Schüler*innen sich auf die Konversation vorbereiten und sich überlegen können, was sie antworten möchten. Einige Schulen nutzen bereits Plattformen wie Untis oder Moodle, um die Kommunikation zwischen Lehrkraft und Schüler*innen zu erleichtern.

Visualisierung mithilfe der TEACCH-Methode

Die TEACCH-Methode (**T**reatment and **E**ducation of **A**utistic and related **C**ommunication handicapped **CH**ildren) kommt ursprünglich aus den USA und wird mittlerweile weltweit sehr erfolgreich eingesetzt, um autistische Kinder zu unterstützen. Ein Kernpunkt ist die Gestaltung eines geeigneten Lernumfelds. Das Konzept macht sich dabei den Umstand zunutze, dass viele autistische Kinder von Struktur und Visualisierung profitieren. Sie helfen dem Kind, seinen Alltag, eine Situation oder eine Aufgabe zu überblicken. So kann das Kind die Aufgabe bearbeiten und lösen oder mit einer bestimmten Situation umgehen. Dabei kann es das Gefühl entwickeln, den Anforderungen gewachsen zu sein und auf seine Umwelt (beispielsweise die Schulaufgaben) kompetent reagieren zu können. Es kann seine Kompetenzen wahrnehmen, Selbstvertrauen aufbauen

[14] Vgl. Danner 2022, S. 7–11.

und unabhängiger werden. Dies wiederum kann sich positiv auf sein allgemeines Verhalten auswirken und dazu beitragen, dass das autistische Kind sich sicherer fühlt.

TEACCH ist grundsätzlich geeignet zur Strukturierung und Visualisierung von

- Raum (Klassenzimmer, Heftseite usw.)
- Zeit (Schulwoche, Stundenplan, Unterrichtsstunde)
- Handlung (Abläufe, Routinen, Handlungsplanung)

Je mehr Struktur, Vorhersehbarkeit und Visualisierung den (Schul-)Alltag prägen, desto leichter können autistische Kinder ihn bewältigen.

Das Kernstück von TEACCH sind Piktogramme, Fotos, Bilder, Symbole oder Zeichnungen, die Sie auch in der Schule einsetzen können. So können Sie visualisieren, was oft nur mündlich kommuniziert wird und nicht zu sehen ist.
Typische Einsatzgebiete sind:

- Wochenpläne und Tagespläne
- Ablaufpläne
- Checklisten
- Visualisierung von Ordnung im Klassenzimmer oder am Arbeitsplatz
- Visualisierung von Zeit und Zeiteinheiten
- Strukturierungshilfen beim Arbeiten

Mehr über die konkreten Möglichkeiten, TEACCH im Schulalltag umzusetzen, finden Sie ab S. 85.

Comicstrip-Gespräche

In vielen sozialen oder zwischenmenschlichen Situationen kommt es zu Konflikten, die für ein autistisches Kind nur sehr schwer ohne Unterstützung nachzuvollziehen sind. Auch hier fehlt dem Kind aufgrund der häufig schwach ausgeprägten zentralen Kohärenz die Fähigkeit, einen Zusammenhang zwischen Ursache und Wirkung herzustellen. Eine Möglichkeit, autistische Kinder hier zu unterstützen, bieten die „Comic Strip Conversations“. Entwickelt wurde die Methode von Carol Gray, die in Michigan (USA) als Lehrerin für autistische Schüler*innen arbeitete. Sie suchte nach einem Weg, ihren Schüler*innen Zugang zu Informationen zu verschaffen, die neurotypische Kinder meist intuitiv erfassen. Das zentrale Anliegen von Comicstrip-Gesprächen ist es, autistischen Kindern zu erklären, wie unser Zusammenleben „funktioniert“.

Mithilfe eines Comicstrip-Gesprächs können Sie dem Kind helfen, konflikthafte Situationen im Nachhinein nachzuvollziehen. So gehen Sie vor:

- Zeichnen Sie eine Strichfigur mit Sprechblase. **Was hast du gesagt?**
- Geben Sie der Strichfigur eine Denkblase. **Was hast du dabei gedacht/gefühlt?**
- Zeichnen Sie eine zweite Strichfigur mit Sprechblase. **Was hat das andere Kind dann gesagt?**
- Geben Sie der zweiten Strichfigur eine Denkblase. **Was hat das andere Kind wahrscheinlich dabei gedacht/gefühlt?**
- Zeichnen Sie eine weitere Strichfigur, die wie die erste aussieht, mit Sprechblase. **Was hast du dann gesagt?** Oder: **Was hast du dann gemacht?** Zeichnen Sie in diesem Fall die Strichfigur entsprechend, zum Beispiel steht sie nun andersherum, sie schlägt, nimmt den Ball weg usw.
- Geben Sie der Strichfigur eine Denkblase. **Was hast du dabei gedacht/gefühlt?**
- Was ist dann passiert? Zeichnen Sie entweder ein weitere Strichfigur, die wie die zweite aussieht und etwas tut oder (in einer Sprechblase) sagt, oder eine dritte Strichfigur (zum Beispiel die Lehrkraft) kommt dazu.

Indem Sie das Geschehene, also Handlungen oder Gespräche mit dem Kind nach und nach visualisieren, kann das Kind in einer ruhigen Situation nachvollziehen, warum es zu dem Konflikt gekommen ist. Es kann seine Gefühle und Gedanken während der Situation ordnen und auch die Gefühle oder Gedanken des Gegenübers in der Situation verstehen. Indem die Gefühle oder Gedanken visualisiert und geordnet werden, kann das Kind den Zusammenhang zwischen dieser innerpsychischen Ebene und den vorgefallenen Handlungen oder Worten besser herstellen.

Im nächsten Schritt können Sie gemeinsam einen Comicstrip entwickeln, in dem Sie visualisieren, welches Verhalten oder welche Worte hilfreich wären, um die Situation das nächste Mal möglichst ohne Konflikt zu erleben. Man baut also an dem kritischen Punkt eine andere Handlung oder andere Worte ein, sodass es zu einem gelingenden Ende kommt. Auch hierbei visualisieren Sie jeweils Gedanken und Gefühle. Manchmal ist das jedoch zu viel für das Kind und es genügt, die vergangene Situation nachzuvollziehen.

*Comicstrip-Gespräch: Eine Situation wird Schritt für Schritt nachgezeichnet. So kann das Kind nachvollziehen, was geschehen ist. Oft liegt einem Konflikt ein Missverständnis zugrunde. „Hallo Anna" bedeutet in diesem Fall, dass der*die Mitschüler*in mit dem autistischen Kind Kontakt aufnehmen möchte. Das autistische Kind weiß dies jedoch nicht und fühlt sich in seiner Beschäftigung gestört. Die untere Abbildung zeigt, wie die Situation beim nächsten Mal ohne Konflikt gelöst werden kann. Die Figuren in den selbst gezeichneten Comics können natürlich viel einfacher gestaltet sein.*

Soziale Anleitungen

Eine gute Möglichkeit, um mit immer wiederkehrenden Konflikten umzugehen, sind Soziale Anleitungen oder „Social Stories". Sie wurden wie die Comicstrip-Gespräche von Carol Gray entwickelt und bieten eine gute Möglichkeit, Kindern eine soziale Situation zu „erklären". Diese Methode eignet sich besonders für Kindergarten- und Grundschulkinder.

Die meisten neurotypischen Kinder lernen mit der Zeit „intuitiv", wie man sich in bestimmten Situationen angemessen verhält oder reagiert. Autistische Kinder hingegen benötigen Unterstützung, um die vielfältigen „ungeschriebenen Regeln" unseres sozialen Miteinanders zu verstehen und zu erkennen, welche Reaktionen in einer bestimmten Situation angemessen sind oder was bestimmte soziale Situationen zu bedeuten haben. Autistische Kinder ecken daher oft an, ohne dass sie selbst wissen, warum. Es kommt zu Konflikten, die vermeidbar wären.

Eine Soziale Anleitung bietet eine hervorragende Gelegenheit, dem Kind unser Zusammenleben zu erklären oder Missverständnisse zu beseitigen. Sie können ein Kind anleiten, eine Freundschaft zu gestalten, das Schimpfen einer Lehrkraft richtig einzuordnen oder sich so zu verhalten, dass es von den Mitschüler*innen eher akzeptiert wird. Sie können mithilfe einer Sozialen Anleitung sowohl Konflikte innerhalb des Unterrichtsgeschehens thematisieren als auch Konflikte unter den Kindern oder allgemein Situationen, in denen es immer wieder zu Reibereien kommt.

Folgende Situationen eignen sich gut für eine Soziale Anleitung:

- mein*e Freund*in spielt nicht mit mir
- im Stuhlkreis mitmachen/keinen Quatsch machen
- während des Unterrichts aus dem Klassenzimmer laufen
- die Hausaufgaben machen
- sich begrüßen/verabschieden
- in einer Reihe aufstellen und warten
- beim Spielen verlieren

Ziele einer Sozialen Anleitung

Eine Soziale Anleitung hat den großen Vorteil, dass sie vorformuliert ist. Die emotionale Ebene und die Beziehung zwischen Lehrkraft und Kind spielen bei dieser Methode keine Rolle und bleiben bewusst außen vor. Das hat den Effekt, dass besonders sensible Kinder sich nicht kritisiert oder „auf den Schlips getreten" fühlen und sich so eher für den beschriebenen Inhalt der Anleitung öffnen können.

Generell verfolgt eine Soziale Anleitung folgende Ziele:

- die Bedürfnisse des Kindes benennen
- dem Kind nicht zu nahe treten
- den Konflikt erklären
- die Wirkung von unangemessenem Verhalten auf liebevolle, nicht direktive Art und Weise erklären
- Missverständnisse in Bezug auf eine soziale Situation aus dem Weg räumen
- alternative Verhaltensweisen, die eher zum Erfolg führen, anbieten

Wann kann eine Soziale Anleitung helfen?

Eine Soziale Anleitung kann vor allem in folgenden Fällen helfen:

- Wenn Sie schon viel und ausführlich erklärt, ermahnt und wiederholt haben und andere Methoden bislang keine Wirkung zeigten, kann eine Soziale Anleitung eine gute Alternative darstellen.
- Eine Soziale Anleitung hat den Vorteil, dass sie dem Kind emotional nicht zu nahe tritt. Viele Kinder sind so sensibel, dass sie schon die leiseste Kritik sehr deutlich hören. Dann schotten sie sich manchmal innerlich ab, sodass ein Gespräch wenig Wirkung zeigt, weil es wahrscheinlich nicht zu dem Kind durchdringt. Das Kind schützt sich vor „Kritik", indem es seine „inneren Ohren" verschließt.
- Situationen, die immer wieder in ähnlicher Form auftauchen und immer wieder zu Konflikten führen, eignen sich gut für eine Soziale Anleitung. Selbstverständlich muss das Kind kognitiv und sprachlich in der Lage sein, der Anleitung zu folgen.

Wie Sie eine Soziale Anleitung einsetzen

Suchen oder erstellen Sie zunächst eine passende Soziale Anleitung. Wichtig ist, dass die Soziale Anleitung möglichst genau auf die Situation des Kindes passt. Stellen Sie sich folgende Fragen:

- Was genau ist das Problem?
- In welcher Situation taucht es auf?
- Welche gute Motivation des Kindes steckt hinter der problematischen Reaktion?

Gegebenenfalls ist es notwendig, eine Anleitung an die Situation anzupassen.

Wählen Sie anschließend eine passende Gelegenheit aus. Es sollte ein ruhiger Moment nicht direkt vor oder nach der konflikthaften Situation sein.

- Lesen Sie die Anleitung wie ein Sachbuch vor.
- Stellen Sie keinen Blickkontakt zu dem Kind her und nehmen Sie auch nicht auf die problematische Situation Bezug.
- Lesen Sie die Soziale Anleitung eher nebenbei, gerne in einer langweiligen Situation.
- Danach verlassen Sie nach Möglichkeit den Raum oder beschäftigen sich mit etwas anderem.

Oftmals reicht es schon, die Anleitung einige Male vorzulesen, um den Konflikt in Zukunft zu entschärfen.

TIPP

Hilfe beim Einsatz Sozialer Anleitungen
Schütz, Leni: Konflikte lösen mit Social Stories.
44 Soziale Anleitungen zur Wahrnehmung und Steuerung von Gefühlen im Schulalltag.
Verlag an der Ruhr: Mülheim an der Ruhr 2023
ISBN 978-3-8346-6244-6

Besonderheiten im Verhalten autistischer Kinder

Auffälligkeiten im Verhalten

Sehr viele autistische Kinder zeigen Auffälligkeiten in ihrem Verhalten. Sie führen manchmal sehr schnell zu Schwierigkeiten im sozialen Miteinander, manchmal dauert es eine Weile, bis Probleme offensichtlich werden (siehe S. 12). Grundsätzlich können auch Besonderheiten in der sensorischen Wahrnehmungsverarbeitung zu Auffälligkeiten im Verhalten führen. In diesen Fällen ist es wichtig, den Ursachen auf die Spur zu kommen und geeignete Maßnahmen zu treffen (siehe S. 31).

Masking

Viele autistische Kinder verstecken ihr Anderssein hinter einer Art sozial angepassten Maske. Man nennt dies „Masking". Sehr viele schaffen es auf diese Weise über einen langen Zeitraum, in öffentlichen Zusammenhängen eher unauffällig zu wirken. Das kann dazu führen, dass im schulischen Kontext keine Besonderheiten im Verhalten festzustellen sind. Auch im Kindergarten oder sogar in therapeutischen Settings zeigen diese Kinder oft keine nennenswerten Auffälligkeiten. Ein solches Kind war im Kindergarten vielleicht eher ruhig und hat sich allein beschäftigt, sodass man dachte: „Das wird schon." Wenn das Kind dann in der Schule ist, haben Lehrkräfte oft zunächst das Gefühl, es müsse sich einfach noch etwas eingewöhnen oder entwickeln; sie wollen dem Kind Zeit geben und ihm keinen „Stempel aufdrücken". Zu Hause zeigt sich jedoch oft ein ganz anderes Bild und die Eltern berichten von regelrechten Zusammenbrüchen oder unvorhersehbarem aggressiven Verhalten.

Ein Kind, das viel maskiert, leidet oftmals unentdeckt, manchmal über einen sehr langen Zeitraum hinweg. Der Grund für das Masking ist das Bestreben des Kindes, sich nicht von seinen neurotypischen Klassenkamerad*innen zu unterscheiden. Das Kind wendet häufig viel Kraft auf, um nicht aufzufallen und sich weitestgehend anzupassen. Diese Anspannung fällt am Nachmittag zu Hause in der sicheren Umgebung von dem Kind ab und entlädt sich in den beschriebenen herausfordernden Verhaltensweisen.

In der Schule können aus dem Masking mehrere Probleme entstehen:

- Das Kind hat aufgrund der großen Anstrengungen, die es für das Masking aufwendet, weniger gedankliche Kapazitäten, um sich mit dem Stoff auseinanderzusetzen.
- Das Kind steht auch ohne besondere Anforderungen und ohne besondere Reizüberflutung ständig unter einer großen Anspannung.
- Sie bemerken die innere Not des Kindes nicht, da es sich mehr oder weniger „normal" verhält. Dadurch kann es sein, dass Sie Stresssignale nicht erkennen können und das Kind überschätzen.
- Da das durch das Masking sozial angepasste Verhalten allgemein erwünscht ist, wird das Kind in seinem Masking positiv verstärkt. So wird ein Kreislauf in Gang gehalten, der für das Kind viel Stress bedeutet.
- Die Wahrnehmung der Eltern und Ihre Wahrnehmung als Lehrkraft decken sich nicht. So kann es zu Misstrauen und Unverständnis auf beiden Seiten kommen. Eltern haben womöglich schon zuvor Ablehnung und Unverständnis erlebt, da das Kind wahrscheinlich auch im Kindergarten schon gut maskieren konnte.

Masking hat jedoch auch Vorteile. Wahrscheinlich ist das Kind gut in die Klasse integriert und hat Freundinnen und Freunde in der Schule. Dennoch ist es wichtig, das Masking eines Kindes wahrzunehmen. Es zeigt den Wunsch des Kindes nach Teilhabe, Kontakt und Zugehörigkeit zu Gleichaltrigen. Aus diesem Grund ist Inklusion so ein wichtiges Thema.

Um das Kind gut zu unterstützen, ist es hilfreich, sich darüber Gedanken zu machen, wie sehr das autistische Kind möglicherweise unter dem Wunsch leidet, nicht aufzufallen. Früher oder später wird sich das Kind (mit Begleitung) mit seiner Diagnose auseinandersetzen müssen. Die Beschäftigung damit kann für ein Kind eine Erleichterung sein, aber auch eine große Belastung darstellen oder noch mehr Ängste auslösen. Darum sollten Sie als Lehrkraft dieses Thema nicht mit dem Kind besprechen, sondern diesen Prozess unbedingt erfahrenen Therapeut*innen überlassen. In einem Gespräch mit den Eltern können Sie jedoch einen Anstoß dazu geben. Es ist wünschenswert, dass das Kind nach und nach immer mehr Sonderregeln für sich akzeptiert. Macht ein Kind von seinem Nachteilsausgleich Gebrauch oder nimmt Sonderregeln in Anspruch, bedeutet dies, dass es immer besser mit seinen Besonderheiten umgehen kann und die Nachteile des Maskings abnehmen.

Stimming

Als „Stimming" bezeichnet man ein meist unbewusstes, repetitives, selbststimulierendes Verhalten. Dieses Verhalten dient dem Abbau von Stress und trägt zur Selbstregulation bei. Die Verhaltensweisen können unterschiedlich ausgeprägt sein. Das Kind kann murmeln oder brummen, mit dem Fuß wippen, die Finger kneten oder mit dem Oberkörper hin und her schaukeln. Manchmal kratzt ein Kind sich auch an einer bestimmten Stelle, kaut an den Fingernägeln oder beißt sich selbst in die Hand oder den Arm. Die Intensität der Handlung offenbart den inneren Druck, den ein Kind in der aktuellen Situation empfindet. Dabei kann das Kind sich beim Stimming sogar zum Beispiel durch Kratzen oder Beißen selbst verletzen. Stimming kann dem Kind helfen, andere, unangenehme Reize zu „übertönen" und sich selbst besser wahrzunehmen und zu regulieren. Das gilt auch für selbstverletzende Handlungen.
Stimming wurde lange Zeit als behandlungsbedürftiges, zwanghaftes Verhalten missverstanden. Heute steht die funktionale Bedeutung des Stimming im Vordergrund. Stereotypes, sich selbst stimulierendes Verhalten sollten Sie daher zulassen, ohne es zu kommentieren oder das Kind aufzufordern, damit aufzuhören. Stimming kann womöglich sogar dazu beitragen, einen Meltdown (siehe S. 130) zu vermeiden, wenn das Kind rechtzeitig die Gelegenheit hat, sich so zu regulieren. Ist dies im Rahmen des Unterrichts schwer möglich, beispielsweise weil das Kind laut wird, sollten Sie in Ruhe überlegen, welche Möglichkeiten es in der jeweiligen Situation gibt. Ein separater Raum oder ein bestimmter Platz auf dem Gang, an dem das Kind sich in diesem Moment mit seiner Schulbegleitung aufhalten kann, wären sicher vorteilhaft.

Herausforderungen im Bereich Theory of Mind

Früher ging man davon aus, dass autistische Menschen weniger oder keine Gefühle empfinden. Heute weiß man, dass diese Annahme falsch ist. Autistische Menschen können ebenso wie neurotypische Menschen eine große Bandbreite an Gefühlen empfinden. Viele Autist*innen empfinden innerpsychische Zustände sogar eher stärker als neurotypische Menschen. Hochsensibilität ist bei autistischen Menschen keine Seltenheit.
Die Schwierigkeiten autistischer Menschen, Details in einen Gesamtzusammenhang zu setzen, spielen wahrscheinlich auch bei innerpsychischen Vorgängen und Zuständen eine große Rolle (siehe S. 57). So kann es passieren, dass sie von Gefühlen geradezu überrollt werden oder die Gefühle nicht korrekt wahrnehmen

und ausdrücken. Solche starken Gefühle können dann bedrohlich wirken und die Angst vor Kontrollverlust verstärken. So schützen sich viele autistische Menschen, indem sie Gefühle unterdrücken und verleugnen, solange es geht.

Die Voraussetzung für gelingende soziale Interaktion ist die Fähigkeit, eigene mentale Vorgänge, aber auch Gedanken, Gefühle und Beweggründe anderer Personen wahrzunehmen und einzuordnen, um das eigene oder fremde Verhalten zu verstehen, zu erklären oder vorhersagen zu können. Diese Fähigkeiten werden als „Theory of Mind" zusammengefasst. Autistische Menschen haben in diesem Bereich jedoch häufig Schwierigkeiten, die sich vielfältig äußern. Beispielsweise hält ein Kind Ihnen ein Buch entgegen, um Ihnen etwas zu zeigen. Es dreht das Buch jedoch nicht um, sodass Sie nur die Rückseite sehen und nicht die Seite, die das Kind betrachtet.

Eigene Gedanken, Gefühle, Beweggründe und Wünsche wahrnehmen

Die Fähigkeit, eigene Gedanken, Gefühle, Wünsche und Beweggründe wahrzunehmen, entwickelt sich im Laufe der Kindheit. Es erfordert ein gewisses Maß an innerem Zurücktreten, um dies zu bewerkstelligen. Für autistische Kinder ist das oft sehr schwer. Dies fällt im späteren Kindes- und im Jugendalter auf, wenn gleichaltrige Kinder diese Fähigkeit, innerpsychische Vorgänge korrekt wahrzunehmen und angemessen damit umzugehen, immer besser beherrschen. Ein momentaner Gefühlszustand kann dann so sehr im Vordergrund stehen, dass es zu einer unangemessenen Äußerung kommt. Ein Kind bricht vielleicht ohne erkennbaren Grund in Gelächter aus, weil es sich mitten im Mathematikunterricht an eine lustige Szene aus einem Film erinnert. Oder es wird ganz plötzlich wütend, weil es sich in einer Überforderungssituation befindet, diese jedoch nicht rechtzeitig wahrgenommen hat.

Eigene und fremde Bedürfnisse unterscheiden

Autistische Kinder können häufig eigene und fremde Bedürfnisse schwer unterscheiden. Sie nehmen manchmal sehr genau wahr, was eine andere Person möchte, bemerken dabei jedoch nicht, dass dies der Wunsch oder die Erwartung der anderen Person, aber nicht der eigene ist. Das kann dazu führen, dass sie sich bemühen, die eigentlich fremden Bedürfnisse zu erfüllen. Wenn das Kind zu lange über seine eigenen Bedürfnisse hinweggegangen ist und versucht hat, die Wünsche einer anderen Person zu erfüllen, kommt es häufig zum großen Zusammenbruch. Dies geschieht oft sehr plötzlich und für Außenstehende völlig unvorhersehbar.

Innerpsychische Vorgänge und Zustände beim Gegenüber erkennen

Autistische Kinder und Jugendliche kommen häufig nicht von allein auf die Idee, dass ihre eigenen Gedanken, Motivationen oder Gefühle sich von denen ihres Gegenübers unterscheiden könnten. Das ist ein zentraler Punkt. Zu erkennen, dass sich die innerpsychischen Vorgänge des Gegenübers von den eigenen Gefühlen oder Gedanken unterscheiden, setzt gute Theory-of-Mind-Kompetenzen (ToM) voraus. Sind diese komplexen Fähigkeiten nicht gut entwickelt, führt dies zu vielfältigen Schwierigkeiten im sozialen Miteinander. Autistische Kinder wirken dann oftmals unbeholfen, rücksichtslos oder unsensibel. Damit hängt auch der Umstand zusammen, dass autistische Kinder sich schwertun, den Gesichtsausdruck oder die Gesten ihres Gegenübers richtig zu deuten und daraus Rückschlüsse auf das Befinden der Person zu ziehen. Dies ist jedoch nur ein kleiner Aspekt, der zu Missverständnissen und Konflikten führen kann. Auch können Kinder im Autismus-Spektrum häufig nur schwer einschätzen und vorhersehen, wie ihr Gegenüber auf Äußerungen oder Handlungen reagieren wird.

Eigene mentale Vorgänge in die Interaktion einbeziehen

Vielen Kindern, deren ToM-Fähigkeiten nicht gut ausgeprägt sind, fällt es schwer, ihre Gefühle, Wünsche oder Gedanken in ihr Handeln und ihre Kommunikation einzubeziehen. Die Kinder tun oder sagen dann Dinge, die sie einerseits nicht meinen und die ihnen andererseits nicht angenehm sind. So entstehen Situationen, die den Kindern unangenehm sind und sie überfordern oder zu Konflikten mit Gleichaltrigen oder Lehrkräften führen. Häufig wäre das vermeidbar, wenn das autistische Kind „einfach" sagen würde, was es möchte, und sich dementsprechend verhalten würde. Ein Kind verbringt die Pause beispielsweise mit den Klassenkamerad*innen auf dem Schulhof, obwohl es eigentlich lieber eine „soziale Pause" gemacht hätte. Von außen betrachtet, sieht es so aus, als ob das Kind seine eigenen Bedürfnisse nicht gut wahrnehmen würde. Es kann aber sehr gut sein, dass es einfach nicht auf die Idee kommt, seine eigenen Befindlichkeiten in sein eigenes Handeln und Interagieren mit einzubeziehen.

Mentale Vorgänge des Gegenübers als Ursache für dessen Interaktion in Betracht ziehen

Noch schwerer, als eigene mentale Vorgänge mit einzubeziehen, ist es, sie bei einem Gegenüber zu vermuten. Auch dies führt häufig zu Konflikten. Manchmal unterstellen autistische Kinder einer Lehrkraft böse Absicht, wenn eine Klassenarbeit nicht gut ausgefallen ist. Haben sie eine schlechtere Note als erwartet, gehen sie davon aus, dass dies die Absicht der Lehrkraft war. Sie können schwer nachvollziehen, dass die Lehrkraft nicht das Ziel hatte, möglichst viele schlechte Noten zu verteilen, wenn sie selbst eine schlechte Note bekommen haben.

Bekannt ist in diesem Zusammenhang das Sally-and-Anne-Experiment[15]. Dabei wurde autistischen und neurotypischen Kindern eine Bildergeschichte gezeigt (siehe unten „Sarah und Anton"). Danach wurden die Kinder gefragt, wo Sarah den Ball vermutet. 85 Prozent der neurotypischen Kinder über vier Jahre gaben an, sie vermute ihren Ball im Korb, denn da habe sie ihn hingelegt. Diese Antwort gaben nur 20 Prozent der autistischen Kinder. 80 Prozent der autistischen Kinder gingen davon aus, dass sie den Ball im Karton suchen würde, denn dort befand er sich ja nun. Das zeigt sehr deutlich, dass autistische Kinder große Schwierigkeiten damit haben, mentale oder innerpsychische Vorgänge beim Gegenüber richtig einzuordnen und von den eigenen Gedanken zu unterscheiden.
Für Lehrkräfte ist es sehr wichtig, sich dieser Tatsache bewusst zu sein. Denn sehr oft ist es im Schullalltag erforderlich, sich in ein Gegenüber hineinzudenken, sei es auf dem Pausenhof, bei einer Gruppenarbeit oder in anderen Situationen, wenn mehrere Kinder zusammen sind. Die Schwierigkeiten, die aufgrund dieser schwach ausgeprägten Fähigkeiten entstehen können, sind sehr vielfältig und unterscheiden sich von Kind zu Kind.

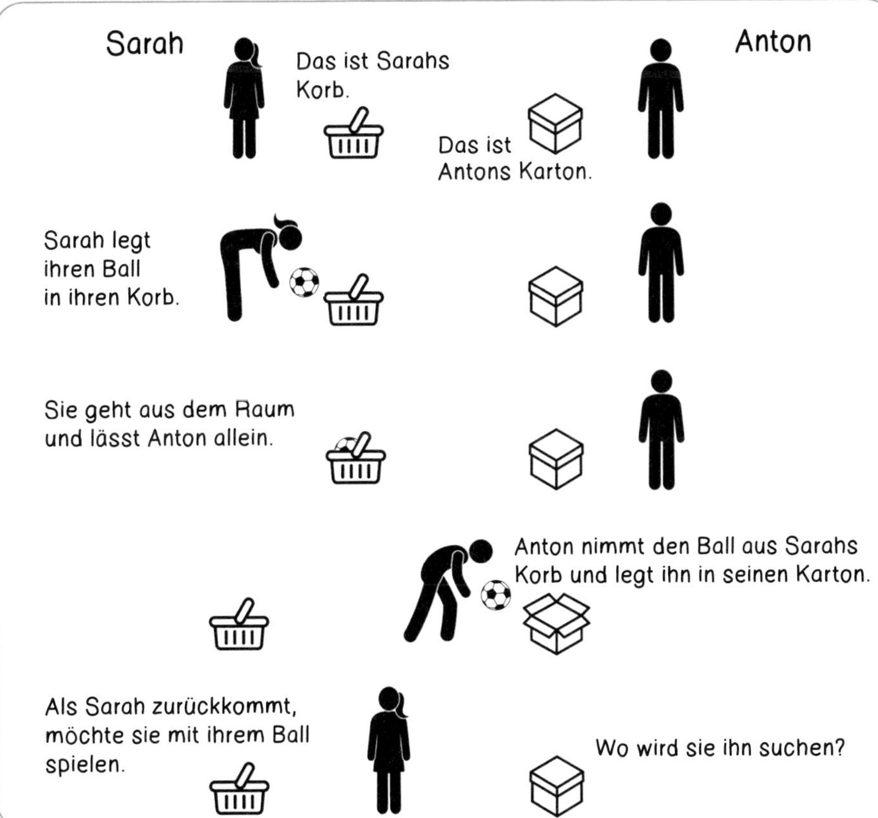

[15] Vgl. Baron-Cohen/Leslie/Frith 1985, S. 37–46. *(Aus redaktionellen Gründen wurde die Darstellung hier leicht abgewandelt.)*

So können Sie ToM-Fähigkeiten fördern

Skalen verwenden

Skalen können Kindern helfen, mentale Vorgänge differenzierter wahrzunehmen. Mithilfe von Emojis oder Plus-minus-Skalen können sie üben, eigene Befindlichkeiten einzuschätzen und Abstufungen im eigenen Erleben und im Bewerten von Situationen zuzulassen. Sich in unterschiedlichen Situationen immer wieder einzuschätzen, kann dem Kind helfen, mit der Zeit immer differenzierter eigene Befindlichkeiten wahrzunehmen und einzuordnen. Die Intensität von Gefühlen, Gedanken oder Wünschen mithilfe einer Skala sichtbar zu machen, erleichtert es vielen Kindern, damit umzugehen und einen Bezug dazu herzustellen.

Auch die Vermutung, wie eine andere Person sich fühlt, lässt sich mithilfe einer Skala sichtbar machen. Es muss nicht unbedingt eine reale Person sein. Wenn Sie beispielsweise eine Geschichte vorlesen, können Sie an unterschiedlichen Stellen anhalten und fragen, wie sich die Hauptperson wohl gerade fühlt, wie viel Angst, Freude, Langeweile usw. sie auf einer Skala von 1 bis 10 wohl gerade empfindet.

Die Skala hilft auch, zu verdeutlichen, dass verschiedene Menschen ein und dieselbe Situation unterschiedlich erleben. Lassen Sie dazu beispielsweise mehrere Kinder eine Situation mithilfe der Skala einschätzen.

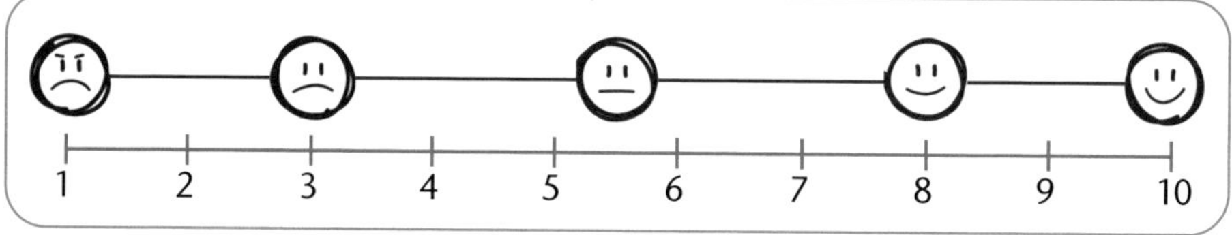

Smileys: © Jan Engel – Shutterstock.com

Eine Skala hilft dabei, eigene mentale Zustände besser wahrzunehmen und Vermutungen über die mentalen Vorgänge beim Gegenüber anzustellen.

Sätze beenden

ToM-Fähigkeiten können Sie fördern, indem Sie gemeinsam mit dem Kind Sätze beenden. „Ich denke gern über Flüsse nach. Ich rede gern über … (Flüsse)". „Martin redet gern über Fußball. Wahrscheinlich denkt er gern über … (Fußball) nach".

Soziale Anleitungen

Soziale Anleitungen eignen sich sehr gut, um mentale Vorgänge nachvollziehbar zu machen. Besonders sensible Kinder profitieren von dieser Methode, weil sie dabei eigenes Verhalten nicht rechtfertigen oder begründen müssen (siehe S. 49).

Comicstrip-Gespräche
Mithilfe von Comic Strip Conversations lassen sich Situationen sehr gut im Nachhinein nachvollziehen, um zu unterscheiden, was die beteiligten Personen gesagt und was sie dabei wohl gedacht oder empfunden haben. Ebenso kann das Kind damit gelingende Strategien entwickeln, um in einer ähnlichen sozialen Situation vielleicht passender zu reagieren (siehe S. 46).

Geschwächte exekutive Funktionen

Der Begriff „exekutive Funktionen" bezeichnet kognitive Fähigkeiten, mit denen wir Menschen unsere Handlungen planen und ausführen, um ein optimales Ergebnis zu erzielen. Alle exekutiven Funktionen lassen sich auf drei grundlegende Aspekte zurückführen: das Arbeitsgedächtnis, die sogenannte Inhibition (Reaktionshemmung) sowie die kognitive Flexibilität. Wenn autistische Kinder in der Schule oder beim Lernen Schwierigkeiten haben, liegt es häufig auch daran, dass sich diese exekutiven Funktionen nicht in gleicher Weise entwickeln wie bei neurotypischen Kindern.

Arbeitsgedächtnis

Im Arbeitsgedächtnis werden Informationen gespeichert, die kurzfristig wieder abgerufen werden sollen. Für folgende Bereiche ist das Arbeitsgedächtnis besonders wichtig:

Mehrteilige Arbeitsaufträge lösen
Beim Rechnen mehrteiliger Aufgaben muss sich das Kind einzelne Zahlen für einen kurzen Zeitraum merken, um sie dann wieder abzurufen. Bei einem mehrteiligen Arbeitsauftrag ist es notwendig, sich einzelne Details so lange zu merken, bis sie benötigt werden, um die Aufgabe zu lösen. Auch zum Kopfrechnen ist ein gut funktionierendes Arbeitsgedächtnis nötig.

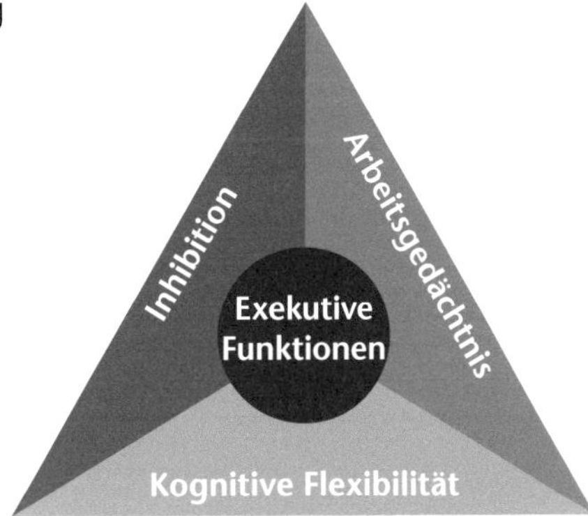

Eigene Gedanken merken

Um eine Person ausreden zu lassen, ist es notwendig, sich die eigenen Gedanken so lange zu merken, bis man an der Reihe ist bzw. bis der*die Gesprächspartner*in ausgesprochen hat. Wenn ein Kind sein Gegenüber ständig unterbricht, kann es daran liegen, dass es Mühe hat, sich seine eigenen Gedanken für diese kurze Dauer zu merken.

Komplexe Aufgaben lösen

Wenn man über eine Aufgabe länger nachdenken muss und nicht sofort weiß, wie man zur Lösung gelangt, ist die Leistung des Arbeitsgedächtnisses gefragt, beispielsweise bei einer komplexeren Textaufgabe. Man muss sich die eigentliche Aufgabe merken, während man sich gedanklich mit deren möglicher Lösung befasst. Da nicht gleich der erste Gedankengang zur Lösung führt, ist es notwendig, sich die Aufgabe immer wieder gedanklich vor Augen zu führen, um dann den nächsten Gedankengang zu entwickeln. So wird es möglich, nicht abzuschweifen oder sich in Nebensächlichkeiten zu verlieren.

Inhibition

Inhibition bezeichnet die Fähigkeit, die eigene Reaktion auf einen Reiz zu steuern. Das bedeutet etwa, eine impulsive Reaktion zu unterdrücken, zu hemmen oder auf später zu verschieben. Viele unserer Reaktionen laufen mehr oder weniger automatisiert ab. Wir können diese Reaktionen jedoch bis zu einem gewissen Grad kontrollieren und beeinflussen. Autistische Kinder sind dazu oft nicht in gleicher Weise in der Lage. Dies ist im schulischen Kontext in folgenden Bereichen relevant:

Motorik

Kinder mit schlechten Fähigkeiten bei der Inhibition haben häufig Schwierigkeiten, ihre Bewegungen zu kontrollieren und zu koordinieren, und wirken dadurch ungeschickt. Dies kann zum Beispiel im Sportunterricht auffallen, aber auch beim Schreiben.

Aufmerksamkeit

Wenn die Fähigkeit, die eigene Aufmerksamkeit zu kontrollieren und aktiv zu steuern, schwach ausgeprägt ist, fällt dies im Schulalltag sehr schnell auf. Die Kinder haben Schwierigkeiten, ihre Aufmerksamkeit gezielt zu lenken und über eine Weile aufrechtzuerhalten. Sie lassen sich leicht ablenken und es kostet sie große Anstrengung, fokussiert und konzentriert zu bleiben.

Willenssteuerung und Motivation

Gerade in der Schule muss sich ein Kind mit Dingen beschäftigen, die in diesem Moment eventuell nicht sein Hauptinteresse darstellen. Das geht jedem Kind so. Kann ein Kind seine Motivation nur schwer aktiv beeinflussen, fällt es ihm schwer, sich mit Dingen zu beschäftigen, für die es sich in dem Moment nicht interessiert.

Allgemeines Verhalten

Kinder mit schwacher Reaktionshemmung verhalten sich oft impulsiv und können beispielsweise ihre Ausdrucksweise nur schwer kontrollieren. Ihre Reaktionen wirken oft übertrieben und unangemessen. Dies kann sich sowohl verbal als auch körperlich bemerkbar machen und zu Konflikten im Schulalltag führen.

Kognitive Flexibilität

Die kognitive Flexibilität bezeichnet die Fähigkeit, mit kurzfristigen und unerwarteten Änderungen umzugehen oder neue Ideen zu entwickeln, um ein Problem zu lösen. In folgenden Bereichen kann eine Beeinträchtigung der kognitiven Flexibilität im Schulalltag problematisch sein:

Unerwartete Veränderungen

Kinder, bei denen die kognitive Flexibilität schwach ausgeprägt ist, können nur schwer damit umgehen, wenn sich beispielsweise der Stundenplan für den Tag kurzfristig ändert oder eine Vertretungslehrkraft in die Klasse kommt.

Perspektivenwechsel

Kognitive Flexibilität erlaubt uns, einen Sachverhalt aus verschiedenen Blickwinkeln zu betrachten oder die Sichtweise einer anderen Person einzunehmen. Die Fähigkeit, die Perspektive zu wechseln, ist für eine fundierte Auseinandersetzung mit inhaltlichen Fragestellungen in vielen Schulfächern unerlässlich, spielt aber auch im sozialen Miteinander eine große Rolle. Kindern im Autismus-Spektrum fällt dies häufig schwer, oft auch begünstigt durch die eingeschränkten ToM-Fähigkeiten (siehe S. 56).

Frustrationstoleranz

Manchmal hat ein Kind genaue Erwartungen oder es hat sich innerlich auf etwas Bestimmtes eingestellt oder sich vorgestellt, wie etwas sich ereignen wird. Wenn sich die Erwartungen nicht erfüllen, ist kognitive Flexibilität notwendig, um mit der Situation angemessen umzugehen. Autistischen Kindern fällt das schwer.

Kein Kind kommt mit der Fähigkeit zur Welt, Geduld zu haben, Gespräche nicht zu unterbrechen oder impulsive Reaktionen zu kontrollieren. Mit zunehmendem Alter entwickeln neurotypische Kinder diese Fähigkeiten jedoch fast „automatisch" immer weiter. Voll ausgereift sind die exekutiven Funktionen erst mit etwa 25 Jahren. Viele autistische Kinder entwickeln diese Fähigkeiten jedoch nicht in gleichem Maße und benötigen hierbei viel Unterstützung und Anleitung.
Je älter autistische Kinder werden, desto stärker fällt der Unterschied zu neurotypischen Klassenkamerad*innen auf, bei denen sich die exekutiven Funktionen scheinbar von allein und nebenbei entwickeln.

Förderung der exekutiven Funktionen

Um die exekutiven Funktionen zu fördern, gibt es im schulischen Kontext vielfältige Möglichkeiten.

Sportunterricht

Spiele, die eine schnelle Reaktionsfähigkeit verlangen, wie etwa Bewegungsspiele mit plötzlicher Richtungsänderung usw., sind ein gutes Training für die kognitive Flexibilität und die Inhibition. Auch das Arbeitsgedächtnis wird trainiert, wenn die Kinder sich merken müssen, was bei welchem Signal zu tun ist.

Alltägliche-Gegenstände-Spiel

„Überlege dir zehn Dinge, die man mit einer Wäscheklammer/Gabel/... machen könnte." Bei diesem Denkspiel wird die kognitive Flexibilität gefördert. Es lässt sich in vielen Varianten spielen. Sie können die Zeit stoppen oder Mannschaften bilden.

„Was könnte es noch sein"-Spiel

„Was könnte ein Stuhl/Regenschirm/... noch alles sein? Erfinde fünf Fantasiemöglichkeiten." Auch dieses Spiel lässt sich beliebig variieren.

Reaktionsspiele

Es gibt eine ganze Reihe von Gesellschaftsspielen, bei denen die Kinder schnell etwas erfassen und dann entsprechend darauf reagieren müssen, beispielsweise eine Karte in die Tischmitte legen, auf eine Glocke schlagen o. Ä.
All diese Spiele trainieren nicht nur die kognitive Flexibilität, sondern auch die Fähigkeit zur Inhibition sowie das Arbeitsgedächtnis. Das Kind muss schnell „richtig" reagieren und seine impulshaften Reaktionen kontrollieren.

4

Das Grundgefühl autistischer Kinder

Aufgrund einer ständigen potenziellen Reizüberflutung und der Schwierigkeiten, Informationen korrekt zu verarbeiten, erleben autistische Kinder oftmals den normalen Alltag als sehr anstrengend. Man kann es sich vielleicht so vorstellen, als würde man visuell und in anderen Bereichen der sensorischen Wahrnehmung in einem Wimmelbild leben und ständig ungefiltert zahllosen Informationen und Reizen ausgesetzt sein. Diese sensorische Überforderung kann leicht zu dem Gefühl führen, alldem schutzlos ausgeliefert zu sein. Ein sicheres Lebensgefühl kann sich so nicht einstellen. Viele autistische Kinder stellen sich daher täglich Fragen wie: Ist die Welt sicher? Ist mein Leben okay? Bin ich „richtig"?

Die täglichen Unwägbarkeiten

Die Erfahrung, dass die Welt unsicher und ihr Leben „auf wackligen Beinen" steht, machen autistische Kinder leider täglich. Viele dieser Unwägbarkeiten lassen sich nicht beeinflussen. Wie wird das Wetter sein, wenn ich aufwache? Auch wenn der Wetterbericht Regen vorhergesagt hatte, kann es passieren, dass unerwartet die Sonne scheint. Wird mir auf dem Weg zur Schule ein Hund begegnen? Wird ein Krankenwagen an mir vorbeifahren?
Auch das schulische Miteinander hält jeden Tag viel Unberechenbares bereit: Muss ich heute das Essen probieren, obwohl Nudeln mit Soße für mich eine Qual darstellen? Wird ein*e Vertretungslehrer*in kommen, obwohl ich das nicht erwarte? Werden meine Klassenkamerad*innen Lärm machen? Nicht zuletzt ist auch das Verhalten von Eltern und Geschwistern für das autistische Kind nicht immer vorhersehbar und nachvollziehbar. Selbst Eltern, die sich der Besonderheiten ihres Kindes sehr bewusst sind und die ihr Kind gut begleiten, können sich nicht immer zu hundert Prozent vorhersehbar verhalten.

> **Was tun?** Um dem unterschwelligen Gefühl von Ausgeliefertsein und Kontrollverlust zu begegnen, ist jede Art von Struktur hilfreich. Es ist wichtig, dem Kind Gelegenheiten zu geben, sein Kontrollbedürfnis zu befriedigen. Je nach Alter kann das sehr unterschiedlich aussehen. Jugendliche können etwa Zugang zu einem ruhigen Raum bekommen, in den sie sich bei Bedarf selbstständig zurückziehen können. Ein jüngeres Kind profitiert vielleicht von einem Tagesplan, auf dem es nach jeder Stunde eine Markierung weiterschieben kann (siehe S. 90).

Entscheidungen treffen

Möchte ich an einem Einzeltisch sitzen oder neben einem anderen Kind? Um Fragen wie diese zu beantworten, braucht ein autistisches Kind so viele Informationen, dass es mit einer Antwort schlichtweg überfordert ist. Kommt es dann zu einer Entscheidung und es ergeben sich daraus Schwierigkeiten, kann das autistische Kind es schwer aushalten, dass es selbst diese Entscheidung getroffen hat. Es ist dann ja mehr oder weniger für sein eigenes „Unglück" verantwortlich. Hier zeigt sich das Dilemma: Man möchte das Kind in Entscheidungen einbeziehen, gerade um es nicht zu überfordern, dann ist das Kind jedoch mit der Verantwortung, eine Entscheidung zu treffen, überfordert.

Was tun? Grundsätzlich ist es natürlich gut und richtig, das Kind in Entscheidungen einzubeziehen. Die Wahlmöglichkeiten, die Sie dem Kind geben, sollten sich jedoch an dem Entwicklungsstand und den Möglichkeiten des Kindes orientieren. Sie sollten überschaubar sein und das Kind sollte genau verstehen, welche Folgen jeweils zu erwarten wären. Generell gilt: Je höher das Stresslevel des Kindes, desto weniger Entscheidungen sollten Sie dem Kind überlassen.

Selbstwahrnehmung

Da autistische Kinder in jeder Hinsicht von Eindeutigkeit und Klarheit profitieren, fällt es ihnen oft schwer, zu differenzieren oder „Grautöne" zuzulassen. Dies hat im Zusammenhang mit der Selbstwahrnehmung manchmal sehr ungünstige Auswirkungen. Ein Kind spielt beispielsweise gut Fußball. Es hat beim Fußballspiel eine gute Körperwahrnehmung und kann Bewegungsabläufe gut koordinieren. Es kann als Teil der Mannschaft erfolgreich auf seiner Position spielen und das Spiel mitgestalten. Es hat von sich nun das Bild: „Ich bin gut in Sport." Bei anderen Sportarten fällt es ihm jedoch sehr schwer, sich gelingend einzubringen. Es hat vielleicht keine gute Körperwahrnehmung, wenn die Hände oder Arme gefordert sind, die Bewegungsabläufe der anderen Sportarten sind ihm nicht vertraut, sodass es ihm schwerfällt, seine Bewegungen sinnvoll zu koordinieren. Durch das Bedürfnis nach Eindeutigkeit kommt es nun zu einem inneren Konflikt. Das Selbstbild von „Ich bin gut in Sport" kollidiert mit dem „Versagen" im Sportunterricht. Die Konsequenz für ein neurotypisches Kind wäre vermutlich: „Ich bin gut in Fußball, manche anderen Sportarten liegen mir nicht so sehr." Ein autistisches Kind kann diese Differenzierung wahrscheinlich nicht vornehmen. Es wird versuchen, sein positives Selbstbild von „Ich bin gut in Sport" aufrechtzuerhalten. Infolgedessen bleibt dem Kind eigentlich nur die Möglichkeit, andere Sportarten abzulehnen. Also wird es vielleicht die Teilnahme am Sportunterricht verweigern oder sich herausfordernd verhalten.

Was tun? In diesem Fall könnten Sie dem Kind anbieten, bei anderen Sportarten zunächst nicht aktiv mitzumachen. Vielleicht kann es eine andere Aufgabe übernehmen, zum Beispiel Punkte zählen o. Ä. So erhält das Kind die Gelegenheit, die anderen Kinder beim Ausüben der unbekannten Sportart zunächst aus der Distanz zu beobachten.

Autismus und Pubertät

Mit Beginn der Pubertät erleben autistische Jugendliche häufig eine besonders schwierige Zeit. Die typischen Entwicklungsaufgaben, die in dieser Lebensphase zu bewältigen sind, stellen auch für neurotypische Jugendliche und deren Umfeld häufig eine große Herausforderung dar. Für autistische Jugendliche wird die Frage des Andersseins spätestens jetzt unausweichlich. Sie ist häufig verbunden mit großer Angst und Unsicherheit. Unsicherheit ist aber für viele autistische Kinder und Jugendliche sehr schwer auszuhalten, egal in welchem Zusammenhang. Schon die körperlichen Veränderungen können das Gefühl von Kontrollverlust und Unsicherheit verstärken. Die eigene Selbstwirksamkeit wird auf eine harte Probe gestellt und existenzielle Fragen nach dem Sinn des Lebens, nach Orientierung und persönlichen Perspektiven treten in den Vordergrund. Häufig gibt es darauf keine eindeutigen Antworten oder richtige Entscheidungen. Generell dauert die Phase der Pubertät bei autistischen Jugendlichen oft länger als bei neurotypischen Gleichaltrigen.

Die Schule mit ihren bekannten Strukturen kann bei manchen autistischen Jugendlichen in dieser Phase einen wichtigen Rahmen und damit Orientierung bieten. Andere Jugendliche im Autismus-Spektrum tun sich ab dem Beginn der Pubertät schwer mit dem Schulbesuch, dem Lernen und dem Kontakt zu Gleichaltrigen. Freundschaften und soziale Interaktionen werden für viele autistische Jugendliche eine große Herausforderung. Manche ziehen sich zurück und interagieren mit ihren Klassenkamerad*innen oder Lehrkräften nur noch, wenn es sich nicht vermeiden lässt.

In dieser Phase sind Internetplattformen manchmal ein wichtiger Ort, um soziale Kontakte zu pflegen. Auch Onlinespiele sind für autistische Jugendliche zunächst ein geeigneter Rahmen, um gute soziale Interaktionen zu erleben. Häufig sind sie kompetente und erfolgreiche Spielpartner*innen und ihre autismusbedingten Schwierigkeiten mit direkter sozialer Interaktion treten in den Hintergrund, ja die digitale Interaktion kommt ihnen sogar zugute (siehe S. 44).

Autistische Jugendliche profitieren während der Pubertät von einer einfühlsamen Begleitung, vielleicht auch in einem geschützten Rahmen wie einer Autismustherapie. Zeigen Jugendliche in der Pubertät herausforderndes Verhalten, wie Schulverweigerung oder die Weigerung, die Hausaufgaben zu erledigen oder im Unterricht mitzuarbeiten, fragen sich Eltern und Lehrer*innen häufig: „Ist das jetzt Pubertät oder ist das Autismus?" Das ist allerdings die falsche Frage. Pubertät mit Autismus bedeutet etwas anderes als Pubertät ohne Autismus. Verständnis und Geduld sind in dieser Phase wichtig. Eine gute Kooperation aller Beteiligten ist in dieser Zeit besonders wertvoll.

Auch ältere Jugendliche profitieren in dieser Phase noch von visueller Unterstützung (siehe S. 85), allerdings in anderer Form. Oft hilft es beispielsweise, bei Entscheidungen, die sie treffen sollen, die jeweiligen Konsequenzen aufzuschreiben. Aufgrund der bereits besprochenen schwachen zentralen Kohärenz und der oft weniger gut ausgebildeten ToM-Fähigkeiten kann eine Visualisierung helfen, die Auswirkungen einer Entscheidung besser zu erfassen.

Entscheidungen haben in diesem Alter schwerwiegendere Konsequenzen, als dies vielleicht bisher der Fall war, daher benötigen autistische Jugendliche mehr Zeit und eine gute Begleitung, wenn Entscheidungen getroffen werden müssen. Verantwortung für das eigene Handeln zu übernehmen, setzt die Fähigkeit voraus, Ursache und Wirkung in einen realistischen Zusammenhang zu setzen und die möglichen Konsequenzen einer Entscheidung voraussehen zu können. Eigenverantwortliche Entscheidungen zu treffen, sollte ein Prozess sein, der sehr konkret und in kleinen Schritten angeleitet wird.

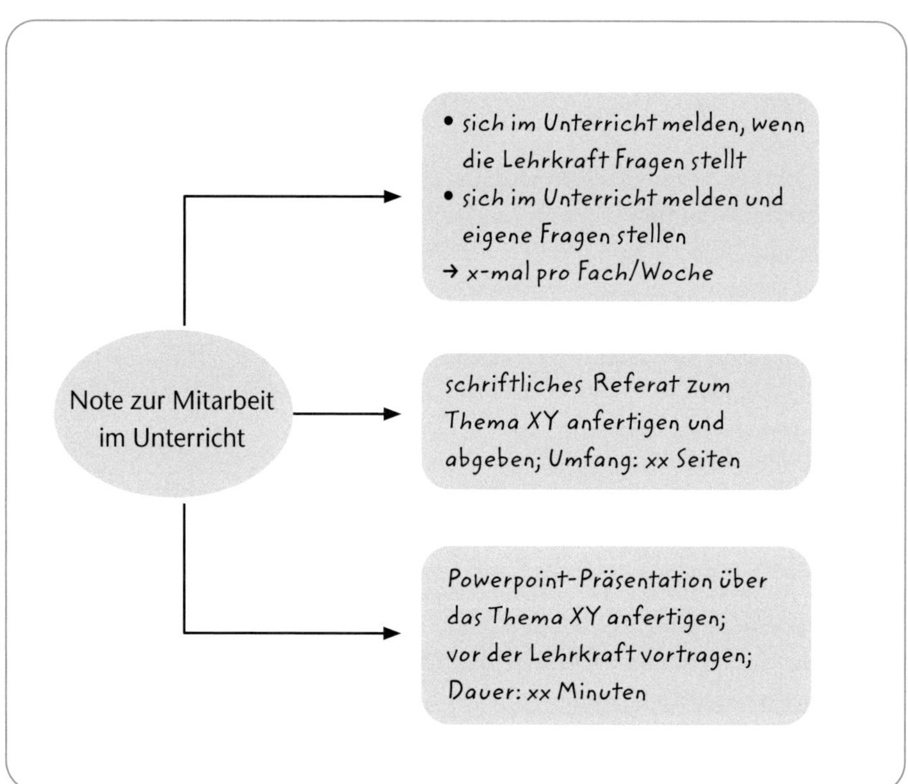

Visualisierungen können auch Jugendlichen sehr gut helfen, Entscheidungen zu treffen und Situationen besser zu überblicken.

Herausforderndes Verhalten

Verhalten von Kindern und Jugendlichen, das als herausfordernd empfunden und beschrieben wird, ist zunächst einmal kein autismusspezifisches Phänomen. Lehrkräfte sollten jedoch ein gutes Verständnis autismusbedingter Besonderheiten haben, um im Alltag gute Entscheidungen treffen zu können. Außerdem ist es erforderlich, die eigenen Möglichkeiten und Grenzen im schulischen Kontext realistisch einzuschätzen. Meist sind Sie als Lehrkraft wahrscheinlich allein in einer Klasse und haben nur einen begrenzten Handlungsspielraum. Sie können und sollen keine therapeutische Arbeit leisten. Die meisten theoretischen Konzepte verfolgen das Ziel, herausforderndes Verhalten möglichst von vornherein zu vermeiden. Dies ist auch im Zusammenhang mit Autismus der Königsweg. Ist die Krise einmal da, hat man in der Regel nur wenig Handlungsspielraum und der Fokus wird auf der Deeskalation der aktuellen Situation liegen.

Warum kommt es zu herausforderndem Verhalten?

Herausforderndes Verhalten kann unterschiedliche Ursachen haben. Ich stelle im Folgenden besonders häufig auftretende Fälle vor.

Mit einer bestimmten Situation zurechtkommen

Autistische Kinder zeigen herausforderndes Verhalten, wenn sie bei dem Versuch scheitern,

- mit einem sozialen Aspekt einer Situation umzugehen,
- mit eigenen Ängsten und Befürchtungen umzugehen,
- mit der persönlichen Interpretation einer Situation umzugehen oder
- sensorische Wahrnehmungen zu verarbeiten.

Der Versuch scheitert in dem Moment, wo das Umfeld das Verhalten als unangemessen wahrnimmt. Dabei ist es wichtig, festzustellen, dass das Kind mit seinem Verhalten eigentlich eine gute Absicht verfolgte.

Fehlende Informationen

Häufig zeigen autistische Kinder und Jugendliche herausforderndes Verhalten, weil ihnen Informationen fehlen. Aufgrund der schwachen zentralen Kohärenz (siehe S. 18) fällt es ihnen schwer,

- Zusammenhänge herzustellen,
- Ursache und Wirkung in ein realistisches Verhältnis zu setzen sowie
- eine Handlung und deren Konsequenz in einen Zusammenhang zu stellen.

Für autistische Kinder ist es häufig nicht logisch nachvollziehbar, dass auf ein bestimmtes Verhalten eine bestimmte Reaktion folgen wird. Wichtig ist es daher, Konsequenzen stets nachvollziehbar zu machen. Weil autistische Kinder häufig ein hohes Kontrollbedürfnis haben, fällt es ihnen wesentlich leichter, zu kooperieren, wenn sie den Sinn einer Anforderung oder einer Regel verstehen. Diesen Sinn müssen Sie manchmal aktiv herausstellen.

Falsche Interpretation eigener oder fremder innerpsychischer Vorgänge

Häufig ist die Ursache, die zur Krise führt, nicht auf den ersten Blick sichtbar und auch nicht immer sofort nachvollziehbar. Autistische Kinder haben oft Schwierigkeiten damit, ihre Bedürfnisse wahrzunehmen und auf angemessene Weise zum Ausdruck zu bringen. Dies hängt damit zusammen, dass sie eigene und fremde Gefühle und Gedanken schlecht unterscheiden können (siehe S. 56 ff.) und wenig Möglichkeiten haben, sich selbst angemessen zu regulieren (siehe S. 35). Wenn wir davon ausgehen, dass autistische Kinder sensorische Reize manchmal viel zu stark wahrnehmen, ist es gut möglich, dass dies auch auf die Wahrnehmung innerpsychischer Vorgänge zutrifft. Das würde bedeuten, dass Kinder im Autismus-Spektrum Gefühle, Gedanken oder Erwartungen des Gegenübers sehr stark oder schwach wahrnehmen.

Nimmt ein Kind die Gefühle des Gegenübers zu stark wahr, kann es leicht passieren, dass es davon „überflutet" wird. Vielleicht findet das Kind es schwierig, zwischen den eigenen Gefühlen und den Gefühlen des Gegenübers zu unterscheiden, und versucht, die fremden Gefühle zu regulieren. Über kurz oder lang wird dies für das Kind zu anstrengend. Es wird sich weigern, die Erwartungen des Gegenübers zu erfüllen. In der Folge kommt es zu konflikthaftem Verhalten. Dies passiert manchmal sehr plötzlich und ohne Vorwarnung.

Ungünstige Kommunikation

Zu Konflikten kann es auch kommen, weil das Kind einer Anweisung nicht folgt oder einen Auftrag nicht ausführt. Sehr wahrscheinlich gibt es einen guten Grund dafür. Besonders häufig sind dies

- unklare Formulierungen oder ungenaue Anweisungen,
- der falsche Zeitpunkt, zu dem die Anweisung erfolgte,
- Missverständnisse oder
- Zeitdruck.

Auch wenn das Kind verbal sehr geschickt ist, wird es von einer vorhersehbaren, eindeutigen und nachvollziehbaren Kommunikation profitieren.

Zu hohe Erwartungen

Sehr häufig müssen Lehrkräfte die eigenen Erwartungen überprüfen und mit den aktuellen Möglichkeiten des Kindes abgleichen. Wenn schon neurotypische Kinder beispielsweise an einem heißen Sommertag in der letzten Schulstunde nicht mehr besonders aufnahmefähig und kooperativ sind, gilt das für Kinder im Autismus-Spektrum noch viel mehr. Hat das autistische Kind den Eindruck, der Tag ist gut zu bewältigen, wird es Dinge tun oder können, die bei erhöhtem Anspannungslevel hingegen nicht mehr möglich sind. Wird beispielsweise eine Klassenarbeit verschoben, kann ein autistisches Kind an einem solchen Tag vielleicht nicht mehr viel ertragen und wird eher unkooperativ oder herausfordernd reagieren. Worüber andere Kinder sich vielleicht freuen, kann in diesem Fall für ein autistisches Kind großen Stress bedeuten. Sein Bedürfnis nach Kontrolle und Vorhersehbarkeit wird hier wenig Befriedigung finden. Aufgrund der schwachen kognitiven Flexibilität kann es mit einer solchen spontanen Änderung schwer umgehen (siehe S. 61). Kann das Kind nachvollziehen, warum die Klassenarbeit verschoben werden muss, beispielsweise wenn die Lehrkraft erkrankt ist, wird es vermutlich eher in der Lage sein, dies zu bewältigen, als wenn ihm der Grund unklar ist.
Generell fällt auf, dass autistische Kinder mit guten Masking-Fähigkeiten (siehe S. 54) fast immer von pädagogischen Fachkräften in Schule oder Kindergarten, aber auch von Ärzt*innen oder Therapeut*innen überschätzt werden.

Ursachen erkennen: das Eisberg-Modell

Viele Kommunikationsmodelle vergleichen die menschliche Kommunikation mit einem Eisberg, um zu verdeutlichen, dass nur ein kleiner Teil der Kommunikation und sozialen Interaktion sichtbar oder bewusst ist, während sich ein großer Teil unsichtbar, unter der Oberfläche bzw. unbewusst abspielt. Im Zusammenhang mit herausforderndem Verhalten erlaubt dieses Modell, das sichtbare (herausfordernde) Verhalten mit den unsichtbaren Ursachen und Auslösern in Beziehung zu setzen. Können Sie diese Zusammenhänge erkennen und benennen, wird präventives Handeln möglich. Dies ist hilfreich, um herausfordernde Situationen mit unangemessenen Reaktionen möglichst oft zu vermeiden.

Auslöser und Ursachen erkennen

Wie bei einem Eisberg liegen die Ursachen und Auslöser des sichtbaren herausfordernden Verhaltens meist unsichtbar „unter der Wasseroberfläche". Es können Gefühle, Erwartungen, Ängste, vergangene Erlebnisse usw. sein. Wenn es gelingt, diese Ursachen zu identifizieren, eröffnen sich präventive Handlungsspielräume.

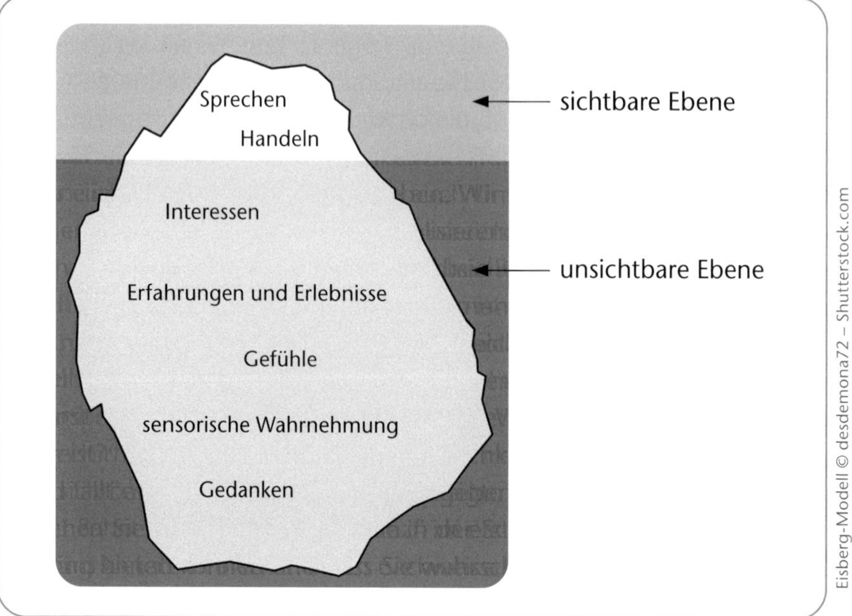

Wie bei einem Eisberg liegen Auslöser und Ursachen herausfordernden Verhaltens oftmals unter der Oberfläche und sind nicht offensichtlich.

Die ursprüngliche Absicht erkennen

Jedes Verhalten, jede Reaktion geschieht aus einer bestimmten Motivation heraus und soll eine Funktion erfüllen. Wenn wir nachvollziehen können, welche Funktion das herausfordernde Verhalten eigentlich hatte, sind wir in der Lage, das Kind besser zu verstehen.

Fähigkeiten im Bereich Theory of Mind

Autistische Kinder nehmen eigene Erwartungen, Befürchtungen oder Wünsche sowie fremde innerpsychische Vorgänge oftmals anders wahr als neurotypische Gleichaltrige. Diese Empfindungen und Gedanken befinden sich sehr häufig „unter der Wasseroberfläche“. Sie sind dem Kind zwar nicht bewusst, aber sie sind vorhanden und beeinflussen das Verhalten und die Reaktionen des Kindes.

Schwache zentrale Kohärenz

Auch eine schwache zentrale Kohärenz führt dazu, dass Befürchtungen oder Erwartungen nicht gut in Zusammenhang mit aktuellen Situationen und Geschehnissen gebracht werden können. Auch diese innerpsychischen Vorgänge liegen häufig als Auslöser „unter der Wasseroberfläche“. In diesem Fall ist es hilfreich, einen Zusammenhang zwischen Befürchtungen, Erwartungen oder anderen innerpsychischen Vorgängen und der aktuellen Situation oder Anforderung herzustellen (siehe S. 133).

Grenzen setzen

Eine Besonderheit, die die autismusspezifische Wahrnehmungsverarbeitung oftmals mit sich bringt, zeigt sich beim Thema „Grenzen setzen". Im Gegensatz zu neurotypischen Kindern ist es für autistische Kinder oftmals unmöglich, mit einem Nein umzugehen.

Wenn ein Kind etwas tut, das es nicht tun soll, sagen wir: „Nein, hör damit auf." Ein autistisches Kind befindet sich hier in einem großen Dilemma: Es hat etwas getan, das es nicht tun sollte. Es kann das Getane aber nicht mehr rückgängig machen. Dies hat Auswirkungen auf sein Selbstbild. Autistische Kinder haben ein großes Bedürfnis nach Eindeutigkeit. Diese Eindeutigkeit streben sie auch bei der Entwicklung ihres Selbstbilds an:
Ich mache alles richtig. = Ich bin gut.
Ich mache etwas falsch. = Ich mache alles falsch. = Ich bin schlecht.

Autistische Kinder können weniger gut mit Erlebnissen umgehen, die sie als Scheitern und Misserfolg deuten. Es ist für sie sehr schwer, ein tragfähiges Selbstwertgefühl zu entwickeln, das auch den Umgang mit Misserfolgen zulässt. Dies hängt mit dem Bedürfnis nach Eindeutigkeit zusammen und mit ihrer schwachen zentralen Kohärenz, die es ihnen erschwert, Erlebnisse in einen größeren Zusammenhang zu setzen. Eindeutigkeit in Bezug auf sich selbst bedeutet daher meist, dass sie leicht zu dem Ergebnis kommen, als Mensch „schlecht" zu sein.

Einem autistischen Kind Grenzen zu setzen, löst bei dem Kind häufig das Gefühl aus, zu versagen und insgesamt als Mensch schlecht zu sein.

Für autistische Kinder ist es oft fast unmöglich, auf ein Nein angemessen zu reagieren. Wie kann ich gut sein, wenn ich etwas Falsches getan habe? Wenn sie aufhören, das unerwünschte Verhalten zu zeigen, gestehen sie damit ein, dass sie etwas Falsches getan haben. Würden sie aufhören, würden sie zugeben, dass sie etwas nicht richtig gemacht haben. Dadurch wachsen die Gefühle von Schuld, Scham und Minderwertigkeit, was die Kinder in ihrer Wahrnehmung bestärkt: Ich bin schlecht.
Auch das Bedürfnis nach Vorhersehbarkeit wird nicht befriedigt. Bei Kindern, die besonders eine klare Struktur benötigen und sich gern an Regeln halten, wird dem Bedürfnis nach Regelkonformität nicht entsprochen. Dieses Bedürfnis haben jedoch nicht alle autistischen Kinder.
In einer solchen Situation kann ein autistisches Kind wütend oder aggressiv werden, weil es keinen Ausweg aus diesem Dilemma sieht. Es verhält sich ungehorsam, leistet Ihren Anweisungen nicht Folge oder wird handgreiflich. Ein anderes Kind zieht sich in solch einem Dilemma in sich selbst zurück, wird still und „unsichtbar."

Was tun? Autistischen Kindern hilft es sehr, wenn sowohl Eltern als auch Lehrkräfte und Schulbegleitungen möglichst häufig präventiv handeln und kommunizieren. Gehen Sie mit den Worten „Nein" oder „Lass das" möglichst sparsam um. Das gelingt besser, wenn Sie sich differenziert im Klaren darüber sind, was die Kinder dürfen und was nicht, welches Verhalten akzeptiert ist und welches nicht. Sind Sie sich darüber im Klaren, fällt es Ihnen viel leichter, dies eindeutig und nachvollziehbar zu kommunizieren. Darüber hinaus können Sie dann schon von vornherein, also präventiv, so kommunizieren, dass dieser eben beschriebene Prozess nicht allzu häufig in Gang gesetzt wird.
Auch hier gilt: Was Sie visuell zeigen, können autistische Kinder in der Regel wesentlich einfacher verarbeiten als das, was Sie mündlich kommunizieren. Geben Sie konkrete Erklärungen in kleinen Schritten. Es gilt, wo immer möglich, Erfolgserlebnisse zu schaffen und Misserfolg vorausschauend zu vermeiden (siehe S. 80).

Belohnungssysteme

Der Zweck von Belohnungs- oder Motivationssystemen ist, ein Kind dafür zu belohnen, dass es erwünschtes Verhalten zeigt bzw. unerwünschtes Verhalten unterlässt. Dabei wird ein Verhalten definiert, für das das Kind beispielsweise einen Punkt erhält. Wenn das Kind eine bestimmte Anzahl Punkte gesammelt hat, bekommt es eine vorher festgelegte und dem Kind bekannte Belohnung.

Belohnungssysteme sind nicht immer eine effektive Möglichkeit, um autistische Kinder dabei zu unterstützen, ihr Verhalten langfristig zu verändern. Möchten Sie einem Kind jedoch helfen, sich innerhalb der Schule oder in einem bestimmten Unterrichtsfach angepasst zu verhalten, kann der Einsatz eines Belohnungssystems durchaus erfolgreich sein.

Der Versuch, das Kind zu motivieren, sich angemessen zu verhalten, muss sehr individuell angegangen werden und der Erfolg ist von unterschiedlichen Faktoren abhängig:

Besteht die begründete Wahrscheinlichkeit, dass das unerwünschte Verhalten durch die Aussicht auf die Belohnung abnimmt?

Nicht immer lässt sich unerwünschtes Verhalten darauf zurückführen, dass die Motivation für erwünschtes Verhalten fehlt. Sehr oft ist es dem Kind aus anderen Gründen nicht möglich, zu kooperieren. Diese können beispielsweise sein:

- Die Anweisung ist nicht konkret genug.
- Die Aufgabe ist zu komplex.
- Die Aufgabe ist in den Augen des Kindes nicht umsetzbar.
- Der Unterricht wird als zu langweilig oder zu schwierig erlebt.

Das Kind ärgert sich vielleicht selbst darüber, dass etwas nicht klappt, oder es befürchtet, dass es die Aufgabe nicht in gewünschter Weise ausführen kann. Es wird wütend und zeigt unerwünschtes Verhalten. Herausforderndes Verhalten wird also manchmal unbeabsichtigt durch ungünstige Kommunikation oder schlechte Vorbereitung noch regelrecht provoziert. Wenn das Problem hinter dem herausfordernden Verhalten nicht die fehlende Motivation ist, wird ein Motivationssystem oder die Aussicht auf Belohnung auch nur in begrenztem Umfang die Lösung sein. Allerdings kann die Aussicht auf eine Belohnung trotzdem wirksam sein und das Unterrichtsgeschehen entspannen.

Was ist es dem Kind wert, erwünschtes Verhalten zu zeigen?

Die Antwort auf diese Frage muss individuell gefunden werden. Wenn das Kind Punkte sammeln soll, um nach der festgelegten Anzahl von Punkten etwas zu bekommen, das ihm egal ist, wird das System nicht funktionieren. Die Belohnung muss also in den Augen des Kindes die Mühe wert sein. Außerdem muss die Belohnung etwas sein, das in der Schule umsetzbar ist. Eine denkbare Belohnung wäre zum Beispiel, dass das Kind einmal keine Hausaufgaben machen muss.

Welche Zeitspanne ist passend?

Wie lang Kinder auf eine Belohnung warten können, ist sehr unterschiedlich. Bei einem Kind wird das nur ein Tag sein, ein anderes Kind kann seine Motivation vielleicht über mehrere Wochen mit einem Punktesystem aufrechterhalten. Es ist wichtig, die Zeitspanne individuell anzupassen. Ansonsten kann das Warten schnell zur Frustration führen.

Was tun, wenn das Ziel erreicht ist?

Wenn man eine Belohnung gefunden hat, für die es sich in den Augen des Kindes gelohnt hat, das erwünschte Verhalten über die festgelegte Zeitspanne zu zeigen, stellt sich oft die Frage: Was nun? Es kann sein, dass das Kind zu der Schlussfolgerung gelangt, dass es sich jetzt nicht mehr „lohnt", das erwünschte Verhalten zu zeigen, weil es ja die Belohnung bekommen hat. Möglicherweise schafft es das Kind, weiterhin das erwünschte Verhalten zu zeigen – vielleicht, weil es festgestellt hat, dass es selbst einen Vorteil von dem erwünschten Verhalten hat. Dies wäre ein großer Erfolg.

Sie können mit dem Kind auch vorher besprechen, dass das Punktesammeln und die Belohnung es ihm anfangs erleichtern sollen, sich an das erwünschte Verhalten zu gewöhnen. Insgesamt sollte der Einsatz eines Belohnungssystems sehr gut begründet und durchdacht werden.

Allgemeine Empfehlungen für die schulische Praxis

Soziale Anerkennung als Motivator*in

Die soziale Anerkennung und das Zugehörigkeitsgefühl zur Peergroup sind für viele neurotypische Kinder und Jugendliche wichtige Motivatoren. Sie verhalten sich in einer bestimmten Art und Weise, um sich die soziale Anerkennung ihrer Peergroup oder ihrer Lehrkräfte zu sichern. Bei autistischen Kindern ist diese Motivation häufig nicht besonders stark ausgeprägt. Für die Schule ist das natürlich ungünstig, denn vieles im Unterricht ist einfacher, wenn man davon ausgeht, dass es für Kinder wichtig ist, von ihren Klassenkamerad*innen und Lehrkräften akzeptiert zu werden. Das bedeutet nicht, dass autistischen Kindern das soziale Miteinander egal wäre: Den Wunsch, einer Gruppe anzugehören oder Freundschaften zu pflegen, haben sehr viele autistische Kinder ebenso wie neurotypische Kinder. Andere haben ein weniger ausgeprägtes Bedürfnis nach sozialem Miteinander. Sie sind gern allein und empfinden soziale Interaktionen als sehr anstrengend, unbefriedigend oder schlicht und einfach unnötig. Aufgrund ihrer weniger guten Fähigkeiten im Bereich Theory of Mind (siehe S. 56) und weil es ihnen häufig schwerfällt, vorherzusehen, welche Konsequenzen eine Verhaltensweise oder eine Äußerung haben kann (siehe S. 18), ist sozial angepasstes Verhalten für autistische Kinder generell schwierig. Es ist für Sie als Lehrkraft sehr wichtig, dies zu wissen, damit Sie es einordnen und tolerieren können.

Der Prozess des Lernens

Autistische Kinder möchten gern etwas können. Der Prozess des Lernens jedoch fällt ihnen oft schwer, denn Lernen bedeutet, genau betrachtet:

- Ich kann etwas nicht.
- Ich tue eine Zeit lang das, was ich nicht kann (ich übe).
- Ich halte es aus, dass ich etwas tue, was ich nicht kann.
- Nach einer Weile kann ich das, was ich zunächst nicht konnte.
- Aus dem „Ich kann es nicht" ist ein „Ich kann es" geworden. Ich habe es gelernt.

Das Gefühl, etwas noch nicht zu können und trotzdem zu tun, auszuhalten, ist eine wichtige Voraussetzung für das Lernen. Es erfordert jedoch ein gutes Maß an Selbstbewusstsein. Schließlich ist der Übergang von „Ich kann etwas nicht" zu „Ich kann etwas" fließend. Jedes Mal, wenn ein Kind etwas gelernt hat, werden das neue Wissen oder die neuen Kompetenzen in das Selbstbild integriert. Da autistische Kinder nach Vorhersehbarkeit und Eindeutigkeit

streben, ist es schwierig für sie, sich auf diesen Prozess einzulassen. Er birgt viele Unsicherheiten. Sie wissen nicht, ob es überhaupt möglich sein wird, sich das neue Wissen und die neuen Fähigkeiten anzueignen. Außerdem können sie nicht vorhersehen, wie lange sie dafür üben müssen. Hinzu kommt die Angst vor dem Versagen. Was wäre, wenn ich es nicht lerne? Wie kann ich weiterhin ein positives Selbstbild haben, wenn ich etwas nicht kann? Auch hier spielt das Bedürfnis nach Eindeutigkeit und Klarheit eine erschwerende Rolle. Da autistische Kinder sehr unterschiedlich sind, gibt es auch viele, die sehr gern lernen und diese Schwierigkeiten nicht haben.

Barrierefreiheit

Der Unterricht und das Lernen an deutschen Regelschulen sind, bezogen auf Autismus, nicht barrierefrei. Folgende Aspekte spielen dabei eine Rolle:

Gleichzeitiges Ansprechen mehrerer Sinneskanäle

Eine Lehrkraft schreibt beispielsweise etwas an die Tafel. Während sie schreibt, erläutert sie den Kindern ihren Tafelanschrieb mit Worten. Gleichzeitig sollen die Kinder den Anschrieb in ihr Heft übertragen. Die gleichzeitige Beanspruchung mehrerer Sinneskanäle ist für autistische Kinder in hohem Maße anstrengend. Das gilt auch, wenn die Kinder mehrere Tätigkeiten gleichzeitig ausführen müssen.

> **Was tun?** Konzentrieren Sie sich immer nur auf einen Wahrnehmungsbereich. Sprechen Sie also nicht, während die Kinder den Tafelanschrieb in ihr Heft übertragen.

Wechsel von Denken und Schreiben

Sehr viele autistische Kinder finden es schwer, von einem Vorgang wie dem Denken zu einer Tätigkeit wie dem Schreiben zu wechseln und umgekehrt. Diese Wechsel finden im Schulalltag jedoch ständig statt. Für neurotypische Kinder stellt dies kein Hindernis dar. Autistische Kinder erleben jedoch auch aufgrund dieser ständigen Wechsel Schule als sehr anstrengend.

> **Was tun?** Eine enorme Erleichterung ist spätestens in der weiterführenden Schule der Einsatz eines Computers. Ein digitales Endgerät mit Tastatur oder ein Laptop nimmt dem Kind das Formen der Buchstaben mit der Hand ab. Das Kind muss nur die entsprechende Taste drücken und der Buchstabe erscheint korrekt und an der richtigen Stelle. So muss das Kind keine Energie auf das Schreiben als solches verwenden. Kinder, die sehr penibel mit ihrem

Schriftbild sind und viel Zeit und Energie für das Schreiben aufwenden, profitieren ebenso wie Kinder, die schlechte grafomotorische Fähigkeiten haben und vielleicht schon eine regelrechte Abneigung gegen das Schreiben entwickelt haben.

Eindeutigkeit und Struktur im Unterricht

Ihr Unterricht ist beispielsweise geprägt von einem lebendigen und spontanen Unterrichtsgespräch. Dem autistischen Kind fällt es in dieser Situation schwer, dem Unterricht zu folgen und den Unterrichtsinhalt zu erfassen.

Was tun? Versuchen Sie, einen klar strukturierten Unterrichtsstil umzusetzen.

Schulbücher und Lernmaterialien

Schulbücher und Arbeitsblätter sind besonders in der Sekundarstufe I nicht barrierefrei. Bilder sollen die Texte auflockern und das Schulbuch oder Arbeitsblatt für Kinder optisch ansprechender gestalten. Schaukästen und Zusatzinformationen erschweren eine klare Unterscheidung von Wichtigem und Unwichtigem.

Was tun? Auf dem Weg zu barrierefreiem Lernen ist es notwendig, Lernmaterialien auf ihre Eindeutigkeit hin zu überprüfen. Unnötige Elemente sollten entfernt werden. Unterrichtsmaterialien sollten klar, eindeutig und das Wesentliche leicht vom Unwichtigen zu unterscheiden sein.

Lernen aus Fehlern

Unser Schulsystem und die Wissensvermittlung orientieren sich in der Regel an Fähigkeiten, die die neurotypische Mehrheit der Kinder besitzt. Dazu zählt auch das Lernen aus Fehlern. Autistische Kinder müssen sich ständig in dieser für sie nicht gut passenden Lern- und Lebenswirklichkeit bewegen. Aufgrund ihrer schwachen zentralen Kohärenz haben viele autistische Kinder Schwierigkeiten, Zusammenhänge zwischen Ursache und Wirkung sowie Handlung und Konsequenz zu erkennen (siehe S. 18). Struktur, Klarheit und Nachvollziehbarkeit sind besonders wichtig, damit Kinder und Jugendliche mit Autismus ihren Alltag bewältigen können. Lernen aus Fehlern bedeutet für autistische Kinder deshalb häufig Stress. Denn jeder Fehler bedeutet, etwas nicht vorausgesehen und nicht unter Kontrolle gehabt zu haben.
Auch bei der Bewertung der eigenen Person streben autistische Kinder oft nach Eindeutigkeit und Klarheit. Deshalb beziehen sie Rückmeldungen zu ihren

Leistungen, beispielsweise eine korrigierte Klassenarbeit, häufig auf sich selbst als Person. Wenn ein autistisches Kind in der Klassenarbeit Fehler gemacht hat, fällt es ihm möglicherweise schwer, damit umzugehen. Es stellt sich die Frage: „Wie kann ich als Mensch in Ordnung sein, wenn ich in der Klassenarbeit Fehler gemacht habe?" In der Konsequenz kommt es häufig zu einer vordergründigen Ablehnung der Korrekturen. Das Kind weigert sich vielleicht, eine Verbesserung anzufertigen, oder zeigt Desinteresse an der korrigierten Arbeit.

Die Art und Weise, wie in Regelschulen unterrichtet wird, provoziert Erlebnisse von Misserfolg im Schulalltag. Die Fähigkeit, Erlebnisse von Misserfolg zu verarbeiten und zu integrieren, ist bei Kindern im Autismus-Spektrum jedoch weniger gut ausgeprägt. Auch bewerten sie korrigierende Rückmeldungen sehr schnell als Misserfolg. Die Schwierigkeit, zu differenzieren, und der Hang, alles sehr eindeutig als richtig oder falsch zu bewerten, kann zu Situationen führen, die das Kind schwer aushalten kann. Die Lehrkraft sagt: „Hier könntest du noch etwas sorgfältiger ausmalen." Das autistische Kind hört: „Alles, was du malst, ist schlecht." Die Eltern sagen: „Räume bitte deinen Teller ab." Das autistische Kind hört: „Du kannst nicht mal deinen Teller abräumen." Die Sportlehrkraft sagt: „Spring so weit, wie du kannst!" Das autistische Kind hört: „Du kannst nicht weit genug springen." Und so weiter ...
Dieser Umstand ist für das Unterrichtsgeschehen und den Lernprozess, wie wir ihn üblicherweise aus der Schule kennen, hinderlich. Das Kind erlebt immer wieder Misserfolge, was in der Schule eigentlich unvermeidbar ist. Diese Erlebnisse summieren sich und behindern das Kind in seiner Entwicklung. Es wird ihm schwerfallen, seinen vermeintlichen Misserfolg in einen größeren Zusammenhang zu setzen und so zu relativieren. „Diesmal war die Klassenarbeit nicht so gut, aber ich habe ja auch nicht sehr viel dafür gelernt." „Ich habe vergessen, meinen Teller abzuräumen, also erinnert mich mein Papa daran." „Der Sportlehrer will, dass wir uns anstrengen, darum feuert er uns an." Weil ein autistisches Kind aufgrund der schwachen zentralen Kohärenz oft nicht in der Lage ist, diese Zusammenhänge herzustellen, festigt sich leicht die Überzeugung „Ich bin schlecht". Diese Überzeugung ist schwer auszuhalten. So kommt es zu einem inneren Konflikt, der Stress verursacht und das Selbstbild des Kindes strapaziert. Herausforderndes Verhalten kann die sichtbare Folge dieses Prozesses sein.

Um aus einem Fehler zu lernen, braucht das Kind ein gutes Selbstwertgefühl und emotionale Stabilität. Es muss das Gefühl aushalten können, einen Fehler gemacht zu haben, ohne zu denken, es sei als Mensch schlecht. Ist es von dem Fehlermachen innerlich überwältigt, weil der Fehler gleich seine ganze Person infrage stellt, ist der Prozess, aus dem Fehler zu lernen, nur sehr schwer möglich.

Ich mache alles richtig. → Ich bin gut.
Ich mache alles falsch. → Ich bin schlecht.

Was tun? Vermeiden Sie, wo immer möglich, Misserfolge und schaffen Sie, wo immer möglich, Erfolgserlebnisse. Im Schulalltag ist das naturgemäß schwierig. Eine Lernbegleitung kann hier eine wichtige Funktion einnehmen. Sie kann dem Kind beispielsweise die erste Aufgabe vorrechnen, damit es den Rechenweg noch einmal nachvollziehen kann. Sie kann ein schwieriges Wort buchstabieren, sodass das Kind es sofort richtig schreibt usw. Oft lernen autistische Kinder viel einfacher aus dem, was sie richtig machen, als aus dem, was sie falsch gemacht haben. Auch Materialien mit Selbstkontrolle sind sehr hilfreich. So ist es nicht die Lehrkraft, die das Kind auf einen Fehler aufmerksam macht.

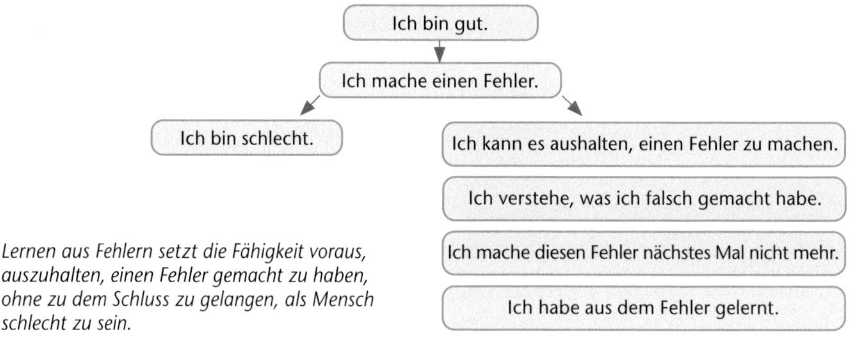

Lernen aus Fehlern setzt die Fähigkeit voraus, auszuhalten, einen Fehler gemacht zu haben, ohne zu dem Schluss zu gelangen, als Mensch schlecht zu sein.

Lernen durch Schreiben mit der Hand

Nach gängiger Lehrmeinung unterstützt das Schreiben mit der Hand den Lernprozess, etwa beim Abschreiben von Vokabeln. Dies konnte in zahlreichen Studien nachgewiesen werden. Auf autistische Kinder trifft dies jedoch nicht immer und nicht in jedem Fall zu. Warum?

Schreiben erfordert gute grafomotorische Fähigkeiten

Viele autistische Kinder haben keine guten grafomotorischen Fähigkeiten. Dies kann mit ihrem Muskeltonus zusammenhängen, mit einer veränderten Körperwahrnehmung oder mit Schwierigkeiten, Bewegungen gezielt zu koordinieren. Bis zu einem gewissen Grad ist das Schreiben mit der Hand natürlich Übungssache. Ist jedoch bei einem Kind bis zum Ende der Grundschulzeit bei der Handschrift keine deutliche Besserung eingetreten, sollte man den Stand der grafomotorischen Fähigkeiten als gegeben hinnehmen.

Handschrift bindet Aufmerksamkeit

Beim Schreiben mit der Hand muss jeder Buchstabe korrekt auf das Papier gebracht werden. Viele autistische Kinder verinnerlichen nicht auf die gleiche Weise wie neurotypische Kinder, wie die einzelnen Buchstaben geschrieben werden. Häufig müssen sie sich beim Schreiben anstrengen und überlegen, um Buchstaben zu formen und Wörter zu schreiben. Auch die Platzierung der Buchstaben auf der Zeile, der Abstand zum nächsten Wort und der Wechsel in die nächste Zeile sind Vorgänge, die eine gute räumliche Orientierung voraussetzen. Diese räumliche Orientierung haben nicht alle autistischen Kinder oder es kostet sie viel Mühe, sich auf dem Blatt oder im Heft korrekt zu orientieren (siehe S. 85). Dies bindet Aufmerksamkeit, die dann bei dem zu schreibenden Inhalt fehlt. Ein autistisches Kind weiß folglich oft nicht, was es gerade geschrieben hat.

Handschrift erfordert einen ständigen Wechsel zwischen der Tätigkeit „Schreiben" und dem Prozess „Denken" bzw. „Lesen"

Viele autistische Kinder wissen nicht, was sie gerade abschreiben. Ein Grund dafür ist die Anstrengung, die das Schreiben verursacht, ein anderer der ständige Wechsel zwischen der Tätigkeit des Schreibens und dem Prozess des Denkens. Zwischen Schreiben und Denken permanent zu wechseln, ist für autistische Kinder oft mühsam und anstrengend. Sie müssen diesen Wechsel aktiv herbeiführen, was gute exekutive Funktionen erfordert (siehe S. 61).

Handschrift ist nicht automatisch konsistent

Viele autistische Kinder arbeiten sehr korrekt und möchten, dass ihr Schriftbild ebenfalls sehr korrekt ist. Daher verwenden sie viel Aufmerksamkeit auf das Schreiben, um ein Schriftbild zu produzieren, das schon fast wie gedruckt aussieht. Dieses konsistente Schriftbild durchgängig zu erzeugen, kostet sie viel Kraft und Aufmerksamkeit. Es fällt ihnen manchmal schwer, das Gleichgewicht herzustellen zwischen dem Schönschreiben einerseits und dem Verständnis des Inhalts andererseits.

> **Was tun?** Sehr viele autistische Kinder profitieren enorm, wenn sie ab der weiterführenden Schule einen Computer oder einen Tablet-PC mit Tastatur benutzen. Zahlreiche Programme ermöglichen es mittlerweile, Hefte digital zu führen. Tafelbilder, die oftmals eine sehr große Hürde darstellen, kann das Kind einfach fotografieren und an der passenden Stelle einfügen. Dazu ist es hilfreich, wenn die Kinder im Laufe des letzten Grundschuljahres das Tippen auf der Tastatur üben. Dabei müssen sie nur so schnell tippen, wie ihre neurotypischen Klassenkamerad*innen mit der Hand schreiben.

Spezialinteressen

Manche autistischen Kinder haben ein sehr großes Interesse an ganz bestimmten und meist stark eingegrenzten Themen. Die Themen können wechseln und bleiben oft nicht während der gesamten Schulzeit gleich. Ein Kind mit einem solchen Spezialinteresse hat oft eine umfassende Kenntnis auf diesem Gebiet. Es kennt beispielsweise den kompletten Zugfahrplan auswendig oder alle Ausfahrten einer Autobahn usw.

Wenn es um ihr Spezialinteresse geht, zeigen viele Kinder Motivation, Durchhaltevermögen und eine große Bereitschaft, zu arbeiten – Eigenschaften, die für das Lernen wichtig, normalerweise bei dem Kind aber vielleicht nur selten zu beobachten sind. Wenn Sie das Spezialinteresse des Kindes in das Lernen einbeziehen können, ist es einem autistischen Kind oft möglich, genau diese positiven Eigenschaften für das Lernen zu nutzen. Überlegen Sie dazu, wie Sie die geplanten Lerninhalte mit dem Spezialinteresse verknüpfen können. Über sein Spezialinteresse kann das Kind einen Zugang zu dem anderen Lerninhalt finden oder eine produktive Arbeitshaltung zeigen. Das Spezialinteresse wird quasi als „Türöffner" und „Transporter" genutzt. Ob dies gelingt, hängt vom Spezialinteresse, dem geplanten Lerninhalt und nicht zuletzt vom Kind und dessen Tagesform ab. Außerdem bedeutet es für Sie als Lehrkraft vermutlich großen Aufwand, den Sie nicht immer leisten können.

Lernen durch Erfahrung

Neurotypische Kinder lernen sehr viel durch Erfahrung. Ob im sozialen Miteinander oder auch in anderen Zusammenhängen – das eigene Tun und Erleben bietet ihnen Möglichkeiten, sich zu entwickeln und zu lernen. Erfolgserlebnisse werden abgespeichert und sind später in ähnlichen Situationen wieder abrufbar. Bemühungen, die nicht von Erfolg gekrönt waren, werden irgendwann von anderen Strategien abgelöst, die eher zum gewünschten Ergebnis führen. Autistische Kinder haben diese Möglichkeiten oft nicht in gleichem Maß. Ihnen fällt es schwer, Erfolgserlebnisse zu speichern und sich in späteren Situationen darauf zu beziehen. Sie können nur sehr eingeschränkt das abrufen, was ihnen bisher schon gelungen ist. Dadurch wird das Lernen aus vergangenen Erfolgen erschwert. Ein Grund dafür ist die schwache zentrale Kohärenz von Kindern im Autismus-Spektrum (siehe S. 18).

Ein Beispiel, um dies zu veranschaulichen, ist der Schulweg. Ein neurotypisches Kind wird in wenigen Wochen den Schulweg meistern. Nach einer Weile wird es sich wahrscheinlich morgens routiniert auf den Weg zur Schule machen. Ein autistisches Kind hat den Weg zur Schule schon unzählige Male gut gemeistert. Dennoch kann es jeden Morgen erneut zu einer Herausforderung werden, sich auf den Weg zu machen. Auch wenn es den Schulweg schon an Dutzenden Tagen gut geschafft hat, bedeutet dies für das Empfinden eines autistischen Kindes noch lange nicht, dass das heute wieder so sein wird.

Was tun? Manchmal hilft es dem Kind, wenn man ihm in Erinnerung ruft, dass es den Schulweg gestern und die Tage zuvor gut gemeistert hat und dass man davon ausgehen kann, dass dies heute wieder gelingen wird.

Visualisieren und Strukturieren (TEACCH)

Wie bereits erwähnt, lässt sich das „structured teaching" nach der TEACCH-Methode im Schulalltag praktisch zur Visualisierung und Strukturierung von Raum, Zeit und bestimmten Handlungsabläufen einsetzen. Die folgenden Empfehlungen beziehen sich auf den Einsatz an einer Regelschule. Auf theoretische Hintergründe und das Gesamtkonzept TEACCH oder Möglichkeiten, die sich für den Förderunterricht ergeben, werde ich hier nicht eingehen.

Visualisierung und Strukturierung des Raums

Die Strukturierung des Raums kann sich sowohl auf eine Heftseite als auch auf das Klassenzimmer oder den Schulhof beziehen. Ziel ist es, durch visuelle Hilfen Orientierung zu geben.

Sich auf das Wichtige fokussieren

Ein Kind verrutscht beim Lesen in der Zeile oder ist durch die Gestaltung von Absätzen, durch Bilder oder andersfarbige Textstellen abgelenkt.

Was tun? Es kann hilfreich sein, innerhalb eines Textes oder eines Arbeitsblattes die Teile abzudecken oder umzuklappen, die gerade nicht von Bedeutung sind. Eine Leseschablone hilft dem Kind, beim Lesen eines Textes nicht in der Zeile zu verrutschen. Die Schablone kann auch ein Stück blickdichte Folie in der Breite einer Seite sein, bei dem nur in der Mitte eine Zeile transparent ist. Das Kind kann die Schablone beim Lesen nach unten schieben, sodass immer die aktuelle Zeile sichtbar ist, die übrigen Zeilen jedoch verdeckt sind.

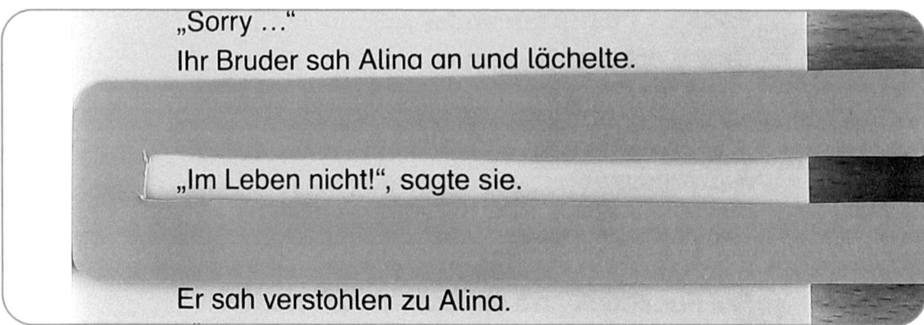

Eine Leseschablone hilft, nicht in der Zeile zu verrutschen.

Sich auf der Heftseite orientieren

Ein Kind hat beispielsweise Schwierigkeiten, sich auf einer leeren Heftseite zu orientieren, auch wenn sie liniert ist. Es weiß nicht, an welchem Punkt es anfangen soll, zu schreiben, oder wann es in eine neue Zeile wechseln soll. Bei karierten Heften lässt es nicht automatisch eine Zeile frei. Sollen Buchstaben in eine Zeile geschrieben werden, hängen diese entweder fast zusammen oder es befinden sich nur sehr wenige Buchstaben in der ganzen Zeile.

Ein Punkt markiert die Position, an der der Stift angesetzt werden soll. Eine farbige Unterbrechung markiert, wie groß der Abstand zwischen zwei Buchstaben oder Wörtern sein soll.

Zeichnungen beschriften

Auch wenn Zeichnungen beschriftet werden sollen, sind autistische Kinder oft überfordert, die einzelnen Begriffe richtig zu platzieren. Möglicherweise weigert sich ein Kind dann, das Blatt zu beschriften.

Was tun? Markieren Sie sehr deutlich, wo das Kind beginnen soll. Bei Zeichnungen können Striche oder Kästen vorgeben, wo die Begriffe hingeschrieben werden sollen.

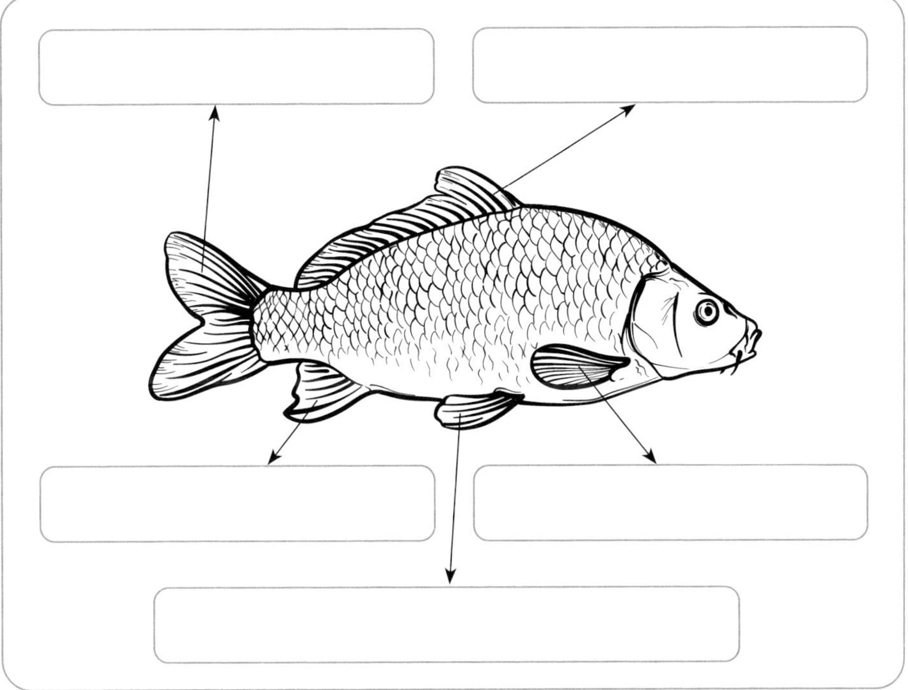

Illustration Fisch © Rima Banu – Shutterstock.com

Organisation des Arbeitstischs

Zwei Kinder teilen sich einen Tisch. Es gibt immer wieder Konflikte, weil beide der Ansicht sind, das andere Kind würde zu viel Platz beanspruchen, oder weil das autistische Kind es schon als störend empfindet, wenn das andere Kind „seinen" Arbeitsbereich berührt.

Was tun? Ein Klebestreifen in der Mitte des Tisches zeigt, welcher Platz jedem Kind zur Verfügung steht. So können Sie dafür sorgen, dass Streit überhaupt nicht erst entsteht. Auch den Bereich, in dem das Mäppchen und das Heft liegen sollen, können Sie jeweils markieren. Das sorgt für Klarheit und Ordnung, weil das Kind genau weiß, wohin es seine Arbeitsmaterialien legen soll.

Orientierung im Schulhaus

Ein autistisches Kind wirkt zum Beispiel angespannt, sobald es sich im vollen Schulhaus bewegen muss.

> **Was tun?** Markieren Sie seitlich an Treppenaufgängen oder auf dem Boden Laufwege. Dies hilft autistischen Kindern sehr. Nicht weil sie den Weg nicht wissen, sondern weil ihnen die Markierungen Sicherheit geben, sich auf dem richtigen Weg zu befinden. Sobald ein sichtbarer Hinweis für Klarheit sorgt, muss das Kind nicht mehr selbst darüber nachdenken, wo es laufen soll.

Orientierung im Klassenzimmer

Ein Kind benötigt beispielsweise viel Zeit, um in das Klassenzimmer zu gehen und sich auf seinen Platz zu setzen.

Was tun? Das Klassenzimmer sollte möglichst konstant und sehr übersichtlich und klar eingerichtet sein. Es sollte auf den ersten Blick zu erkennen sein, wie man beispielsweise zu den Ablagekörben gelangt. Es kann hilfreich sein, den Weg von der Tür zum Sitzplatz des Kindes zunächst mit einem Klebestreifen auf dem Boden zu markieren. Dies dient der besseren Orientierung, sodass das Kind nicht viel Energie aufwenden muss, um die Wege zu bewältigen. Auf Schubladen und Ablagekörben können Sie entsprechende Zeichen anbringen, damit das Kind nicht nachdenken muss, was sich wo befindet.

Visualisierung und Strukturierung der Zeit

Bei der Visualisierung und Strukturierung der Zeit geht es darum, Zeit einzuteilen und Zeitabschnitte sowie den Ablauf der Zeit sichtbar zu machen, um dem autistischen Kind einen Überblick zu ermöglichen und Sicherheit zu geben.

Orientierung im Wochenablauf

Zu Hause hilft Kindern ein Stundenplan mit Piktogrammen, sich in der Woche zurechtzufinden. So kann das Kind selbstständig nachschauen, wie viele Tage es beispielsweise bis zum Sportunterricht oder zum Wochenende sind. Wichtig ist es hierbei, mit einer Büroklammer o. Ä. den aktuellen Tag zu markieren. Die Büroklammer wird jeden Tag weitergeschoben. Ein visualisierter Stundenplan im Klassenzimmer kann dem Kind ebenfalls das Gefühl geben, den Überblick zu behalten. Dies gibt dem Kind Sicherheit.

Montag	
Dienstag	Fach Sport
Mittwoch	
Donnerstag	
Freitag	
Samstag	
Sonntag	

Orientierung im Tagesablauf

Ein Tagesplan im Klassenzimmer hilft, den aktuellen Tag zu überblicken. Markieren Sie auch hier immer, wo im Tagesablauf sich die Klasse gerade befindet. So kann das Kind sich orientieren und beispielsweise einschätzen, wann die nächste Pause stattfindet, wie viele Unterrichtsstunden noch anstehen oder wie lange es noch dauert, bis die Frühstückspause Gelegenheit zum Essen bietet. Kurzfristige Änderungen können Sie beispielsweise mit Klebezetteln kennzeichnen.

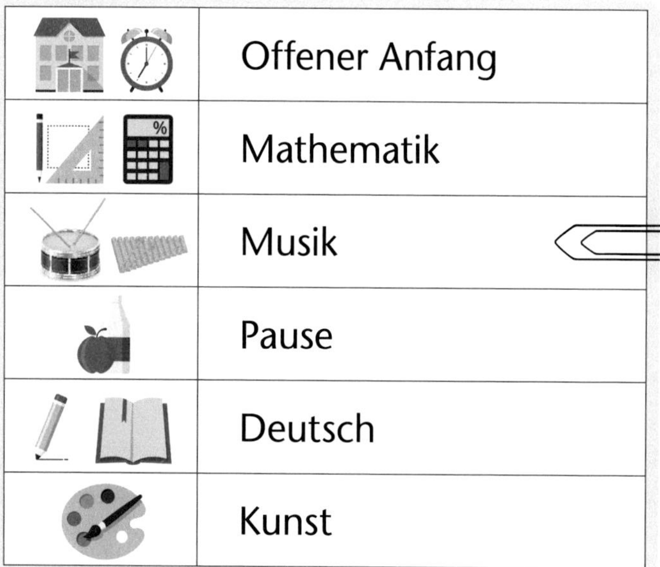

Zuerst – danach

Hierbei geht es meist um die Visualisierung einer Aufgabe, die erledigt werden muss, und der Aktivität, die danach vorgesehen ist. Dies erleichtert es dem Kind manchmal, eine anstrengende Aufgabe zu bewältigen, weil es sich auf die darauffolgende angenehme Tätigkeit freuen kann. Nach der anstrengenden Mathestunde kommt beispielsweise eine Hofpause.

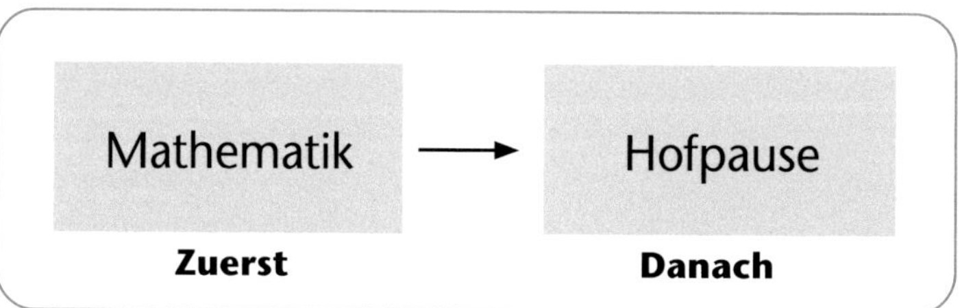

Zuerst Mathe – dann Hofpause. Sie können die beiden Seiten der „Zuerst-danach-Karte" auch mit passenden Piktogrammen versehen.

Visualisierung von Zeitverläufen

Eine gute Möglichkeit, ablaufende und noch verfügbare Zeit zu visualisieren, ist ein sogenannter Time Timer®. Es gibt ihn in unterschiedlichen Ausführungen und von unterschiedlichen Anbietern, auch für digitale Endgeräte als (kostenlose) App. Der Timer wird auf einer runden Minutenskala auf eine bestimmte Zeit eingestellt. Es erscheint eine farbige Scheibe, die mit dem Ablauf der Zeit immer kleiner wird, bis sie am Ende verschwindet. Nun ist die Zeit abgelaufen. Das Kind kann immer wieder einen Blick auf den Timer werfen, um festzustellen, wie viel Zeit schon vergangen ist.
Der Time Timer® ist übersichtlicher als ein normaler Timer bzw. Wecker oder eine Sanduhr. Einen Timer oder Wecker auf zehn Minuten einzustellen, ist für ein autistisches Kind nicht hilfreich. Es kann sich auf das Klingeln des Weckers nicht gut vorbereiten und kann nur schwer einschätzen, wann die zehn Minuten vorbei sein werden. Auch Sanduhren, die es für unterschiedlichen Zeiteinheiten gibt, sind wenig hilfreich, denn eine Sanduhr für zehn Minuten ist beispielsweise genauso groß wie die Sanduhr, die fünf Minuten misst. Das Kind kann nur schwer einschätzen, wie lange der Sand dieses Mal benötigt, um durchzulaufen. Beim Time Timer® „vergeht" die Zeit immer gleich schnell und das Kind kann meist sehr schnell einen Bezug zu der angegebenen Zeit herstellen.
Stellen Sie anfangs möglichst kleine Zeitfenster ein, zum Beispiel zehn Minuten für die Erledigung eines Arbeitsblatts, zwölf Minuten bis zur Pause usw. Als Lehrkraft müssen Sie sich dann allerdings auch an die eingestellte Zeit halten. Wenn der Timer abgelaufen ist und Sie noch zwei Minuten weitersprechen, ist der Timer wenig hilfreich.

Die farbige Scheibe wird mit dem Ablauf der Zeit immer kleiner.

Visualisierung von Handlungsabläufen

Viele Abläufe im Schultalltag ähneln sich. Damit sich ein autistisches Kind besser orientieren kann, ist es hilfreich, diese Ähnlichkeiten zu visualisieren. Hierfür gibt es zahlreiche Möglichkeiten:

Kontrollplan im Mäppchen und Checklisten

Eine gute Möglichkeit, ein Kind im Schulalltag kleinschrittig anzuleiten, die eigene Arbeit zu kontrollieren, ist ein Kontrollplan im Mäppchen oder eine Checkliste, auf der es auch bei komplexeren Aufgabenstellungen abhaken kann, was erledigt ist. Beispielsweise kann es beim Schreiben einer Klassenarbeit einen allgemeinen Kontrollplan haben: 1. Name auf dem Arbeitsblatt? 2. Alle Aufgaben bearbeitet? 3. Alle Aufgaben noch einmal durchgelesen? 4. Rechtschreibung korrigiert? Checklisten können je nach Situation variiert werden und geben in vielen Situationen Sicherheit.

Checkliste Klassenarbeiten

Name	☐
Datum	☐
Satzanfang groß	☐
Satzende mit Punkt	☐
Noch einmal gelesen und verbessert	☐

Ablaufpläne

Abläufe, die immer wiederkehren, können Sie durch einen Ablaufplan visualisieren. So erkennt das Kind, in welcher Reihenfolge etwas zu tun ist. Ein einfaches Beispiel ist ein visualisierter Ablaufplan zum korrekten Händewaschen, wie er in Corona-Zeiten auf jeder öffentlichen Toilette zu sehen war.

Unterrichtsrhythmus und Unterrichtsstruktur

Ein ausgewogener Unterrichtsrhythmus ist für die meisten Kinder und Jugendlichen wichtig, um gut zu lernen. Für autistische Kinder spielt eine gute Strukturierung des Unterrichts eine besonders große Rolle. Um den Unterricht auch für ein autistisches Kind möglichst gut aufzubauen, ist es notwendig, die (sensorischen) Besonderheiten des autistischen Kindes in der Wahrnehmung grob zu kennen.

Verarbeitung auditiv erarbeiteter oder vermittelter Inhalte

Viele autistische Kinder haben Schwierigkeiten, auditive Informationen zu verarbeiten (siehe S. 27 ff.).

> **Was tun?** Überlegen Sie, wie Sie auditiv erarbeitete Inhalte, zum Beispiel aus einem Unterrichtsgespräch oder Lehrervortrag, visuell zusammenfassen können. Die Verschriftlichung des vermittelten Stoffs kann dazu beitragen, dass ein autistisches Kind den Stoff verinnerlichen kann.

Vorhersehbarkeit und Überschaubarkeit

Viele autistische Kinder und Jugendliche profitieren sehr von dem Gefühl, eine Situation vorherzusehen zu können. Manche Kinder haben beispielsweise Schwierigkeiten, sich zu konzentrieren, wenn sie den Unterrichtsablauf nicht überblicken können.

> **Was tun?** Skizzieren Sie die einzelnen Phasen des geplanten Unterrichts kurz an der Tafel: Zuerst kommt ein kleiner Input, danach eine Einzelarbeit, dann wird das Erarbeitete im Unterrichtsgespräch zusammengefasst usw. Das Kind kann sich so orientieren und die Unterrichtsstunde überblicken. Je nach Alter können Sie auch einfache Piktogramme nutzen, um die geplante Reihenfolge deutlich zu machen (siehe S. 15).

Stress bei spontanen Änderungen

Im Unterrichtsalltag kommt es manchmal vor, dass Sie einen bestimmten Ablauf geplant haben, der sich jedoch im Verlauf des Unterrichts ändert. Vielleicht kommt spontan ein Thema auf, das Sie gern vertiefen möchten. Manche autistischen Kinder finden es schwer, mit solchen Abweichungen umzugehen. Vor allem spontane Änderungen, auf die das Kind sich nicht vorbereiten kann, erzeugen bei vielen autistischen Kindern und Jugendlichen Stress. Insbesondere gegen Ende eines Schultages oder zu einer späteren Schulstunde kann ein autistisches Kind, das im Tagesverlauf vielleicht schon sehr viel kompensieren musste, auf eine unvorhergesehene Änderung häufig nicht mehr angemessen reagieren.

Was tun? Kommt es zu einer spontanen Änderung, sollten Sie diese benennen. Erklären Sie kurz, warum es dazu kommt und was genau jetzt zu erwarten ist.

Je strukturierter Sie bei Ihrem geplanten Unterrichtsablauf bleiben können, umso stressärmer wird ein autistisches Kind den Unterricht erleben.

Lernen und Arbeiten mit Nebengeräuschen

Vielen autistischen Kindern fällt das Lernen im großen Klassenverband schwer. Es herrscht oftmals ein hoher Geräuschpegel und die vielen Menschen, die alle in einer sozialen Interaktion miteinander stehen, erschweren die Fokussierung auf die eigentliche Aufgabenstellung. Dies ist beispielsweise der Fall, wenn Sie ein Thema eingeführt haben und die Kinder den Stoff in Kleingruppen oder Partnerarbeit festigen sollen, während es in der Klasse immer wieder zu Nebengeräuschen und Gesprächen der Kinder untereinander kommt.

Was tun? Ermöglichen Sie dem autistischen Kind, in einem Nebenzimmer oder zur Not auch an einem Tisch auf dem Gang zu arbeiten. Durch diese „sozialen Pausen" können Sie dem Kind helfen, eine Überforderungssituation zu vermeiden. Wenn es gelingt, Überforderungssituationen möglichst häufig zu vermeiden, ist schon sehr viel gewonnen, denn ein autistisches Kind hat in der Regel wenige Möglichkeiten, sich in einer Überforderungssituation angemessen zu regulieren.

Wichtiges von Unwichtigem trennen

Aufgrund ihrer schwachen zentralen Kohärenz fällt es autistischen Kindern oft schwer, Unwichtiges von Wichtigem zu unterscheiden (siehe S. 18).

Was tun? Hier kann eine didaktische Reduktion helfen. Nehmen Sie bereits bei der Unterrichtsplanung Rücksicht darauf oder binden Sie die Schulbegleitung ein, die diese Reduktion für das autistische Kind mitgestalten kann.

Lehrer*innenvortrag

Lernen geschieht in unseren Schulen zu einem großen Teil über das Hören. Wenn Sie ein neues Thema einführen oder einen Sachverhalt erklären, hören Ihnen die Kinder zu und verarbeiten die auditiv aufgenommenen Informationen. Die meisten autistischen Kinder haben jedoch Schwierigkeiten, auditive Informa-

tionen aufzunehmen und korrekt zu verarbeiten. Bei Lehrer*innenvorträgen sind sie häufig allein schon durch diese Wahrnehmungsbesonderheit behinderungsbedingt im Nachteil. Lehrer*innenvorträge lassen sich nicht vermeiden, aber für die autistischen Kinder etwas einfacher gestalten.

Den roten Faden deutlich machen

Wenn Sie ein neues Thema einführen oder Stoff erklären, bietet es sich manchmal an, ein wenig auszuholen, um das Thema griffiger oder interessanter zu gestalten. Dies bereitet einem autistischen Kind oft große Schwierigkeiten, weil es den Zusammenhang nicht mehr herstellen kann. Es fällt ihm schwer, aus Ihren Informationen diejenigen herauszufiltern, die wichtig sind. Auch Metaphern, Redewendungen oder blumige Ausschmückungen, die einen Vortrag anschaulicher machen sollen, sind für ein autistisches Kind schwer zu verstehen.

> **Was tun?** Machen Sie den roten Faden deutlich. Bleiben Sie möglichst beim Thema und vermeiden Sie es, abzuschweifen. Wenn Sie weiter ausholen oder an einem Beispiel etwas verdeutlichen wollen, ist es hilfreich, dies dem Kind anzukündigen. Das autistische Kind weiß dann, dass das Folgende nicht wichtig ist, sondern als Beispiel dient. Geben Sie anschließend ein Signal, wann es mit dem eigentlichen Inhalt weitergeht und jedes Kind wieder zuhören muss. Manchen autistischen Kindern hilft es, wenn sie sich während eines Vortrags Notizen machen oder auf einem Block „kritzeln" können. Sie können so ihre Aufmerksamkeit besser lenken und dem Thema folgen.

Informationen verschriftlichen

Informationen, die auditiv aufgenommen wurden, abzurufen, kann für ein autistisches Kind sehr herausfordernd sein (siehe S. 61).

> **Was tun?** Halten Sie während Ihres Vortrags regelmäßig inne und sichern Sie die Informationen aus Ihrem Vortrag, am besten schriftlich. Das autistische Kind kann die bereits aufgenommenen Informationen zu Papier bringen oder digital festhalten und muss sie sich nicht mehr merken. Nun hat es wieder Kapazitäten für die nächsten Informationen.

Unterrichtsgespräch

Beim Unterrichtsgespräch ergeben sich für autistische Kinder die gleichen Schwierigkeiten wie beim Lehrer*innenvortrag. Zusätzlich besteht für die Kinder die Schwierigkeit, dass mehrere Menschen abwechselnd oder sogar gleichzeitig sprechen. Wie können Lehrkräfte autistische Kinder dabei unterstützen?

Schriftliche Zusammenfassung

Für ein autistisches Kind bedeutet es oft eine Herausforderung, in einem Gespräch unterschiedlichen Stimmen zu folgen. Sie sind unterschiedlich laut, jede hat einen anderen Tonfall usw. Die Folge kann sein, dass das Kind sich innerlich nicht mehr am Unterrichtsgeschehen beteiligt.

> **Was tun?** Wenn Sie als Lehrkraft längere Phasen des Unterrichtsgesprächs planen, überlegen Sie, wie das autistische Kind den so erarbeiteten Stoff nachvollziehen kann. Sie könnten ihm beispielsweise eine schriftliche Zusammenfassung der wesentlichen Punkte zur Verfügung stellen. In jedem Fall ist es notwendig, dem Kind einen Zugang zu diesen Informationen zu ermöglichen.

Wichtiges und Richtiges benennen

Im Unterrichtsgespräch sind die Beiträge der Kinder nicht immer zielführend, manche sind inhaltlich falsch oder unwichtig, manchmal wiederholt ein Kind das bereits Gesagte in anderen Worten.

> **Was tun?** Machen Sie sehr deutlich, wenn eine Aussage nicht korrekt war, damit ein autistisches Kind hier Klarheit hat. Besonders wichtig ist es, eine korrekte Aussage eindeutig zu sichern und, falls mehrere Aussagen korrekt sind, zu betonen, dass es mehrere richtige Möglichkeiten gibt und welche das sind.

Mündliche Mitarbeit

Manche autistischen Kinder können dem Unterrichtsgespräch gut folgen und auch die unterschiedlichen Gedanken gut nachvollziehen, jedoch ist es ihnen so gut wie unmöglich, sich an einem solchen Gespräch zu beteiligen.

> **Was tun?** Denken Sie in diesem Fall grundsätzlich über die Bewertung der Mitarbeit im Sinne des Nachteilsausgleiches nach. Man könnte vereinbaren, dass das Kind nur aufgerufen wird, wenn etwas schriftlich erarbeitet wurde und das Kind dies ablesen kann. Werten Sie die Mitarbeit gegebenenfalls weniger oder finden Sie alternative Formen der Mitarbeit. Nicht hilfreich ist es, das Kind spontan aufzurufen. Sprechen Sie sich dabei eng mit den anderen Kolleg*innen ab, um das Kind nicht zu überfordern. Andererseits ist es wünschenswert, dass das Kind sich nicht ganz zurückzieht, sondern man gemeinsam im Austausch einen Weg findet, es zu beteiligen.

Arbeit in Kleingruppen und mit Partner*in

Aufgaben, die in Kleingruppen oder mit einem*einer Partner*in erarbeitet werden sollen, stellen große Anforderungen an die soziale Kompetenz – nicht nur autistischer Kinder und Jugendlicher. Wie kann Kleingruppen- und Partnerarbeit mit autistischen Kindern gelingen?

Passende Partner*innen

Überlegen Sie im Vorfeld, mit wem das autistische Kind gut zusammenarbeiten kann. Gestalten Sie dementsprechend die Partnerwahl oder die Zusammensetzung der Kleingruppe. Es ist meistens nicht hilfreich, die Kinder oder Jugendlichen mit dieser Aufgabe allein zu lassen.

Verteilung der Teilaufgaben

Inwieweit kann das autistische Kind seinen Beitrag in einer Partner- oder Kleingruppenarbeit leisten? Grenzen Sie die Aufgaben so ein oder strukturieren Sie sie so, dass das autistische Kind sie bewältigen kann. Achten Sie dabei darauf, dass die anderen Kinder in der Kleingruppe nicht das Gefühl haben, sie seien im Nachteil.

Kommunikation innerhalb der Kleingruppe

Manche autistischen Kinder haben Schwierigkeiten damit, sich in einer Kleingruppe oder mit einem*einer Partner*in so auszutauschen, dass eine gewinnbringende und zielführende Kommunikation möglich wird. Hier kann es notwendig sein, Regeln festzulegen. Auch die Schulbegleitung kann hier unterstützen. Manchmal ist es besser, anstatt Partnerarbeiten 3er-Gruppen zu planen. So können sich die zwei neurotypischen Kinder austauschen und das autistische Kind muss nicht unbedingt einen aktiven Part in der Kommunikation übernehmen. Häufig wird das autistische Kind in einer 3er-Gruppe eher akzeptiert, als wenn es nur mit einem neurotypischen Kind zusammenarbeitet.

Vorstellung der Gruppenarbeit

Schließlich stellt sich die Frage, wie das autistische Kind seinen Teil so einbringen kann, dass die anderen Kinder in der Kleingruppe keinen Nachteil gegenüber den anderen Kleingruppen haben. Überlegen Sie gut, welchen Teil das autistische Kind bei der Präsentation der Gruppenarbeit übernehmen kann. Hier eignet sich ein Teil, den es weitestgehend ablesen kann und eher wenig frei vortragen muss. Es kann auch notwendig sein, das autistische Kind vom Vortragen zu befreien. In diesem Fall sollten Sie die Klasse vorher sorgfältig darüber aufklären (siehe S. 137).

Einzelarbeit

Phasen, in denen die Schüler*innen einzeln für sich arbeiten, sind für viele autistische Kinder und Jugendliche von Vorteil.

➲ Eigenes Tempo
Bei der Einzelarbeit kann jedes Kind in seinem Tempo arbeiten. Autistische Kinder sind manchmal in einigen Bereichen sehr schnell und in anderen Bereichen auffallend langsam. Einzelarbeit ermöglicht beides bis zu einem gewissen Grad.

➲ „Soziale Pause"
Viele autistische Kinder finden den sozialen Aspekt von Schule anstrengend. Ihnen fällt es oft schwer, sich in einer vorgeschriebenen Weise zu verhalten, Blickkontakt herzustellen oder mit anderen überhaupt in Kontakt zu sein. Dies erhöht insgesamt das Anspannungslevel und begünstigt die Entstehung von Stress. Einzelarbeit bedeutet daher auch, eine „soziale Pause" einlegen zu können.

➲ Aufmerksamkeitslenkung
Bei der Einzelarbeit fällt es autistischen Kindern oft leichter, ihre Aufmerksamkeit aktiv zu steuern. Indem sie sich auf das Blatt auf ihrem Tisch konzentrieren können, sind sie weniger abgelenkt von visuellen Reizen im Raum. Auch das Arbeiten im eigenen Tempo trägt zur Aufrechterhaltung der Aufmerksamkeit bei.

➲ Akustisch reizarme Phase
Wenn alle Schüler*innen einer Einzelarbeit nachgehen, ist es im Idealfall ruhig in der Klasse. Dies kommt autistischen Kindern gelegen, denn für sie ist die ständige Verarbeitung auditiver Reize anstrengend.

➲ Klare Aufgabenstellung
Während einer Einzelarbeit ist die Aufgabenstellung im Idealfall klar. Das Kind weiß, was zu tun ist. Es hat die Aufgabe unter Kontrolle. Dies gibt ihm Sicherheit. Die Bearbeitung der Aufgaben fällt ihm leichter, es kann sich entspannen.

Bei der Einzelarbeit kann es jedoch vorkommen, dass das autistische Kind an einem bestimmten Punkt „hängen bleibt". Das kann ein Buchstabe sein, der beim Schreiben schief geworden ist, oder eine Verzierung am Rand des Arbeitsblatts zieht die Aufmerksamkeit des Kindes auf sich. Helfen Sie dem Kind in diesem Fall, den Zusammenhang wiederherzustellen und zur eigentlichen Aufgabe zurückzukommen. Achten Sie generell darauf, dass Arbeitsblätter möglichst klar und übersichtlich gestaltet sind (siehe S. 45).

Hausaufgaben

Weil autistische Kinder sehr unterschiedlich sind, gibt es keine allgemeingültigen Empfehlungen zum Thema Hausaufgaben. Beobachten Sie stets das einzelne Kind. Gibt es sehr große Schwierigkeiten mit den Hausaufgaben, ist zu überlegen, diese in einzelnen Fächern zu reduzieren oder zu modifizieren. Auch die Hausaufgaben zu Hause zu erledigen, wird für viele autistischen Kinder zur Qual, weil sich das Zuhause mit der Schule vermischt. Folgende Problemfelder sind möglich:

Hausaufgaben aufgeben

Bereits beim Erteilen von Hausaufgaben am Ende der Stunde kommt es häufig zu Schwierigkeiten. Das autistische Kind achtet womöglich sehr genau auf die Zeit und kann es schwer ertragen, wenn Sie eine Minute nach dem Ende der Stunde noch die Hausaufgaben ansagen oder anschreiben.

> **Was tun?** Planen Sie genügend Zeit ein, sodass Sie die Hausaufgaben innerhalb der Unterrichtsstunde ansagen oder – noch besser – anschreiben können.

Sinn der Hausaufgaben

Für autistische Kinder ist es oft wichtig, zu verstehen, warum sie etwas tun und welchen Nutzen sie daraus ziehen. Das gibt ihnen das Gefühl, die Kontrolle zu haben. Sie weigern sich daher oft, Hausaufgaben zu erledigen, deren Sinn sich ihnen nicht erschließt.

> **Was tun?** Versuchen Sie, die Hausaufgaben möglichst im Zusammenhang zum Unterricht zu geben. Formulieren Sie die Hausaufgaben so, dass das Kind nachvollziehen kann, warum Sie diese Hausaufgaben geben.

Klare Aufgabenstellung

Manche autistischen Kinder geben sich große Mühe, sich anzupassen und alles richtig zu machen. Sie haben keine Probleme, auch Hausaufgaben anzufertigen, die zunächst einmal in ihren Augen keinen Sinn ergeben. Es kann passieren, dass diese Kinder die Hausaufgaben mehrfach in unterschiedlichen Ausführungen anfertigen, damit dann auf jeden Fall eine richtige Version dabei ist.

> **Was tun?** Schreiben Sie die Seitenzahlen und die zu den Seitenzahlen gehörenden Aufgabennummern an die Tafel. Gibt es keine Aufgabennummern oder Seitenzahlen, notieren Sie möglichst genau, was die Hausaufgaben sind und wie sie zu erledigen sind. Dies gilt für alle Altersgruppen.

Schreiben der Hausaufgaben

Das Schreiben kann für ein autistisches Kind sehr anstrengend sein. Beim Schreiben muss es immer wieder neu den Punkt finden, an dem es den Stift ansetzt. Vielleicht hat es das Bedürfnis, jeden Buchstaben sehr korrekt zu schreiben, oder es findet das Schreiben mit der Hand motorisch sehr anstrengend. Je mehr es schreiben muss, desto mehr steigt sein Stresspegel.
Ein Kind, das sehr schnell im Rechnen ist und nur sehr wenig Übung braucht, ist andererseits vielleicht sehr darauf bedacht, ordentlich und sehr korrekt zu schreiben. Wenn es nun alle Rechenaufgaben erledigen soll, die Sie aufgegeben haben, kann dies dazu führen, dass das Kind sich ärgert, da es ja bereits nach drei Aufgaben verstanden hat, wie die Aufgaben zu lösen sind. Es verwendet aber gleichzeitig viel Energie auf das Schönschreiben. Geschieht dies öfter, kann es passieren, dass das Kind die Hausaufgaben verweigert oder das Fach als Ganzes ablehnt.

> **Was tun?** Vereinbaren Sie mit dem Kind und/oder mit den Eltern eine Sonderregel, die es dem Kind ermöglicht, bei Bedarf weniger Aufgaben zu rechnen oder zu schreiben.

Farbiges Ausmalen

In einer Rechenaufgabe ist jedem richtigen Ergebnis eine Farbe zugeordnet. Werden die richtigen Felder in der richtigen Farbe ausgemalt, entsteht ein Bild. Für Kinder mit grafomotorischen Schwierigkeiten ist es fast unmöglich, diese Aufgabe ordentlich zu erledigen. Andere Kinder, die sehr penibel arbeiten, benötigen sehr lange, um die Felder akkurat auszumalen. In beiden Fällen kommt es zu Frustration.

> **Was tun?** Ist bei Aufgaben farbiges Ausmalen gefragt, könnte ein Strich in der richtigen Farbe im richtigen Feld ausreichend sein. Das Kind zeigt so, dass es verstanden hat, welche Farbe gefragt ist.

Leistungsfeststellung und Nachteilsausgleich

Generell werden Kinder mit Autismus-Spektrum-Störung an Regelschulen unterrichtet. Eine spezielle Schulform ist vom Gesetzgeber nicht vorgesehen. Welche Schulform für das jeweilige Kind geeignet ist, müssen die Eltern wie bei neurotypischen Kindern auch je nach den kognitiven Möglichkeiten des Kindes individuell entscheiden.
Nachteile, die einem Kind in der Schule behinderungsbedingt aufgrund seiner Autismus-Spektrum-Störung entstehen, werden durch individuelle Maßnahmen,

den Nachteilsausgleich, ausgeglichen oder zumindest abgemildert. Das Lernziel bleibt vom Nachteilsausgleich jedoch grundsätzlich unberührt und wird nicht herabgesetzt. Dies gilt generell für Kinder mit Behinderungen.

Im Bereich Autismus sind die Nachteile, die einem Kind entstehen, sehr unterschiedlich und vielfältig. Entsprechend muss auch der Nachteilsausgleich sorgfältig individuell gestaltet werden. Auch muss er während der Schullaufbahn regelmäßig modifiziert werden, um die individuellen Entwicklungsfortschritte des autistischen Kindes zu berücksichtigen. Den Nachteilsausgleich beantragen die Eltern schriftlich zu Beginn eines Schuljahres bei der Schule. Die betreffenden Lehrkräfte prüfen den Antrag in der Klassenkonferenz und beschließen ihn entsprechend ihrer Einschätzung.

Rechtliche Grundlagen

Folgende Rechtsgrundlagen sind für den Nachteilsausgleich bundesweit maßgebend:

> Grundgesetz Artikel 3 Absatz 3 Satz 2:
> *„Niemand darf wegen seiner Behinderung benachteiligt werden."*
> Artikel 24 Absatz 2 Behindertenrechtskonvention:
> *„Bei der Verwirklichung dieses Rechts [auf Bildung] stellen die Vertragsstaaten sicher, dass […]*
> *(e) in Übereinstimmung mit dem Ziel der vollständigen Integration wirksame individuell angepasste Unterstützungsmaßnahmen in einem Umfeld, das die bestmögliche schulische und soziale Entwicklung gestattet, angeboten werden.*[16]*"*

Die grundsätzliche Gewährung eines Nachteilsausgleichs liegt also nicht im Ermessen einer Lehrkraft, einer Schule oder eines Prüfungsamtes, sondern ist vom Gesetzgeber vorgesehen. Da Schulrecht auf Landesebene geregelt wird, sind die Vorgaben zur Ausgestaltung und zur Umsetzung des Nachteilsausgleichs in jedem Bundesland unterschiedlich. Nach der pädagogischen Definition des Nachteilsausgleichs sind drei Punkte zu beachten:

1. Die Anforderung/der Arbeitsauftrag wird in der Durchführung modifiziert.
2. Die fachlichen Anforderungen bleiben unberührt; d. h., das Bildungsziel darf nicht herabgesetzt werden.
3. Die Festlegung eines Nachteilsausgleichs wird von den beteiligten Lehrkräften vollzogen. Er ist immer individueller Art.[17]

[16] UN-Behindertenrechtskonvention 2018, https://www.institut-fuer-menschenrechte.de/das-institut/monitoring-stelle-un-brk/die-un-brk
[17] Vgl. Küpperfahrenberg/Frese 2016, S. 2.

Einige Beispiele für Nachteilsausgleiche

Schwierigkeiten, vor der ganzen Klasse zu sprechen

Ein Kind hat Schwierigkeiten, vor die gesamte Lerngruppe/Klasse zu treten und zu sprechen. Referate, Vorträge etc. stellen daher eine große Herausforderung dar.

> **Was tun?** Das Kind kann den geforderten Vortrag nur vor der Lehrkraft halten oder den Vortrag auf Video aufzeichnen oder in schriftlicher Form einreichen.

Zeit zur Aufgabenbearbeitung reicht nicht

Ein Kind kommt nicht mit der zur Verfügung gestellten Zeit aus. Es benötigt mehr Zeit, um die geforderten Aufgaben oder Klassenarbeiten zu bearbeiten.

> **Was tun?** Eine Zeitverlängerung bei Klassenarbeiten ist ein gängiger Nachteilsausgleich in diesem Zusammenhang.

Schwierigkeiten bei der auditiven Verarbeitung

Ein Kind hat Schwierigkeiten, mündliche Aufgabenstellungen zu verarbeiten oder Aufgaben zum Hörverstehen, die mit Audiodateien arbeiten, zu bewältigen.

> **Was tun?** Das Kind darf Audiodateien zum Hörverständnis bei Klassenarbeiten wiederholt anhören. Die Lehrkraft stellt dem Kind bei Klassenarbeiten mündlich gegebene oder präzisierte Aufgabenstellungen in schriftlicher Form.

Mündliche Beteiligung

Ein Kind kann sich schwer mündlich am Unterricht beteiligen.

> **Was tun?** Die Wertung der mündlichen Note kann herabgesetzt oder je nach Klassenstufe und Bundesland ausgesetzt werden. Eine Alternative, wie zum Beispiel eine schriftliche Arbeit, kann zur Bewertung der Mitarbeit herangezogen werden.

Sportunterricht

Ein Kind hat Schwierigkeiten in der Körperwahrnehmung und damit in der Koordination von Bewegungen.

> **Was tun?** Die Wertung der Sportnote kann modifiziert oder die Sportnote ganz ausgesetzt werden.

Gruppenarbeiten und interaktive Aufgaben

Ein Kind hat Schwierigkeiten mit der Kommunikation und Interaktion in Gruppenkonstellationen.

Was tun? Die Bewertung kann anders gewichtet werden. Die Mitarbeit in Kleingruppen wird weniger gewertet oder die Bewertung ganz ausgesetzt.

Grafomotorik

Ein Kind hat Schwierigkeiten im grafomotorischen Bereich und kann zum Beispiel die Schrift nicht der Lineatur/Kästchengröße in Heften oder auf Arbeitsblättern anpassen oder leserlich schreiben.

Was tun? Das Kind darf auch in den höheren Klassen im Mathematikunterricht große Kästchen verwenden. Bei Klassenarbeiten werden dem Kind die Aufgabenblätter vergrößert zur Verfügung gestellt. In allen anderen Fächern kann das Kind generell an einem digitalen Endgerät mit Tastatur arbeiten und Tafelbilder fotografieren. Bei Klassenarbeiten kann das Kind einen PC nutzen, der in der Schule verbleibt.

Ziel des Nachteilsausgleichs

Der Nachteilsausgleich hat grundsätzlich das Ziel, Chancengleichheit zu fördern, und sollte nicht dazu führen, dem betroffenen Kind einen Vorteil zu verschaffen. Im Alltag ist es manchmal schwierig, sich auf diesem schmalen Grat zu bewegen. Es ist daher immer wieder erforderlich, sich mit den anderen Lehrkräften, den Eltern und – falls vorhanden – der Schulbegleitung auszutauschen.

Ein gewährter Nachteilsausgleich lässt auch einen gewissen Spielraum zu. Manchmal ist es nicht möglich, den Nachteilsausgleich zu 100 Prozent umzusetzen. Die Lehrkraft gibt beispielsweise vor Beginn einer Klassenarbeit noch einige mündliche Hinweise. Wahrscheinlich ist es nicht immer möglich, jede Erklärung oder jeden zusätzlichen Hinweis zu verschriftlichen. Das autistische Kind hat so eventuell einen Nachteil, obwohl im Nachteilsausgleich eine Verschriftlichung mündlich gegebener Anweisungen festgehalten ist.

Empfehlungen für einzelne Unterrichtsfächer

Mathematik und Naturwissenschaften

Der Einstieg in die Welt der Zahlen fällt autistischen Kindern oft leicht. Sie erfassen Zahlenwerte meist gut und finden einen Zugang zu den Grundrechenarten. Schwierigkeiten tauchen häufig beim Umgang mit abstrakten Zahlen und beim Rechnen mit konkreten Gegenständen auf.

Rechnen mit Gegenständen

Auf einem Arbeitsblatt sind Äpfel gezeichnet, die addiert werden sollen. Es kann sein, dass ein autistisches Kind diese Aufgabe aufgrund seiner Wahrnehmungsbesonderheiten nicht lösen kann. Vielleicht ist das Kind durch die Farben oder Formen der Äpfel abgelenkt. Vielleicht sehen die gezeichneten Äpfel nicht exakt gleich aus oder sie liegen nicht ordentlich nebeneinander. In einem solchen Fall handelt es sich für das autistische Kind nicht um dieselben Dinge.

> **Was tun?** Achten Sie darauf, dass Arbeitsblätter die exakt gleichen Abbildungen zeigen. Erläutern Sie dem Kind, dass die Äpfel manchen Kindern helfen, sich eine Addition plastisch vorzustellen, und dass das Aussehen oder die Anordnung der Äpfel keine Rolle spielen.

Kopfrechnen

Das Kind „vergisst" seine im Kopf gelöste Rechnung, bevor es sie zu Papier bringen konnte. Aufgrund der Auffälligkeiten beim Arbeitsgedächtnis (siehe S. 61) kann das Kind den Gedanken, den es gerade gefasst hat, nicht abrufen, wenn es ihn aufschreiben soll. Der Wechsel zwischen Denken und Schreiben ist für das Kind sehr anstrengend. Im Bereich Geometrie können diese Schwierigkeiten besonders stark zutage treten.

> **Was tun?** Lassen Sie das Kind jeden Schritt und jeden Gedanken, den es auf dem Weg zur Lösung fasst, kurz notieren. Geht es um geometrische Formen, können Sie das Kind Anweisungen geben lassen, aufgrund derer eine andere Person die Zeichnung ausführt. Bei mehrteiligen oder komplexeren Aufgaben kann das Kind einen „Arbeitsplan" oder eine Checkliste nutzen, der die komplexe Aufgabe in mehrere Teilaufgaben gliedert. Das autistische Kind kann so den Überblick behalten und jeweils abhaken, wenn ein Teil erledigt wurde.

Textaufgaben

Eine Textaufgabe nachzuvollziehen und in die geforderte Rechnung zu übersetzen, ist schon für viele neurotypische Kinder schwierig. Bei autistischen Kindern spielen einige behinderungsbedingte Faktoren zusätzlich eine erschwerende Rolle:

Schwache zentrale Kohärenz: Das Kind hat Schwierigkeiten, die einzelnen Aspekte der Textaufgabe in einen sinnvollen Gesamtzusammenhang zu setzen, sodass es die für die Lösung der Textaufgabe notwendige Rechnung nur schwer ableiten kann.

Exekutive Funktionen: Das *Arbeitsgedächtnis*, das es einem Kind ermöglicht, sich kurzfristig Informationen zu merken, ist eingeschränkt. Dadurch kann sich das Kind ein Detail der Textaufgabe nur schwer bis zu dem Zeitpunkt merken, an dem dieses Detail notwendig wird. Die *kognitive Flexibilität* ist beim Lösen einer Textaufgabe meist essenziell. Sie ermöglicht es, zu „knobeln", das mathematische Problem aus verschiedenen Blickwinkeln zu betrachten und unterschiedliche Herangehensweisen in Betracht zu ziehen. Aufgrund der weniger gut entwickelten exekutiven Funktionen ist dies für ein autistisches Kind häufig sehr schwierig.

Was tun? Ermöglichen Sie es dem Kind, die Aufgabe schrittweise nachzuvollziehen. Manchmal ist es hilfreich, wenn die Schulbegleitung dem Kind laut „vordenkt". So kann das Kind dem Gedankengang folgen, der zur Definition der Problemstellung führt. Erst dann sollten die einzelnen Teile der Textaufgabe in Rechenschritte übersetzt werden. Bei längeren Textaufgaben kann das Kind einzelne Teile zunächst abdecken, sodass es kleinschrittig durch die Aufgabe geführt werden kann und nicht von der Komplexität der Aufgabe überwältigt wird.

Geometrische Formen zeichnen

Prinzipiell ist für viele autistische Kinder das akkurate Arbeiten, wie es beispielsweise in der Geometrie notwendig ist, sehr anstrengend. Die Gründe dafür sind oft ein schwacher Muskeltonus oder weniger gut entwickelte exekutive Funktionen, was sich in einer weniger präzisen Bewegungskoordination zeigt. Eine weniger gute Koordination von Hand- und Fingerbewegungen wirkt sich entsprechend ungünstig auf die grafomotorischen Fertigkeiten aus. Dies kann als behinderungsbedingter Nachteil betrachtet werden. Auch fällt es autistischen Kindern oft schwer, den Punkt auf dem Papier zu definieren, an dem begonnen werden soll. Während das Kind in den anderen mathematischen Disziplinen problemlos bis zum Ende der Schulzeit große Kästchen verwenden kann, ist das in der Geometrie nicht möglich. Dadurch ergeben sich in diesem Bereich besonders häufig Schwierigkeiten, geometrische Formen korrekt zu zeichnen.

Was tun? Das Kind kann entsprechende Anweisungen geben, und die Schulbegleitung (oder zu Hause die Eltern) zeichnen die Formen nach den Anweisungen.

Sensorische Ereignisse

In naturwissenschaftlichen Fächern wie Biologie, Chemie oder Physik kann es sensorische Ereignisse geben, die das Kind schwer aushalten kann, wie zum Beispiel der Geruch oder ein unerwartet lauter Knall bei einem Experiment.

Was tun? Bereiten Sie das Kind auf das herausfordernde sensorische Ereignis vor. Lassen Sie es möglichst weit weg oder am geöffneten Fenster sitzen. Möglicherweise ist es notwendig, dass das Kind den Raum kurzzeitig verlässt.

Spezielle Themen

Manchmal ist für ein autistisches Kind ein Thema mit zu vielen Herausforderungen verbunden, beispielsweise das Thema „sexuelle Aufklärung" oder die Beschäftigung mit körperlichen Vorgängen allgemein.

Was tun? Nutzen Sie möglichst abstrakte Zeichnungen. Haben Sie Verständnis dafür, dass das Kind sich nicht am Unterricht beteiligt. Es kann notwendig sein, das Kind von der Teilnahme an einzelnen Unterrichtseinheiten zu befreien.

Deutsch

Manche autistischen Kinder haben einen guten Zugang zur Sprache und es fällt ihnen nicht schwer, Sprache zu verschriftlichen. Bei anderen autistischen Kindern zeigen sich schon zu Beginn Schwierigkeiten.

Schreiben

Beim Schreiben(lernen) liegen die Ursachen für Probleme, die autistische Kinder haben, oft nicht im Schreiben selbst, sondern äußern sich dort lediglich.

Buchstaben schreiben

Beim Lernen der Buchstaben fällt es vielen autistischen Kindern schwer, überhaupt einen Buchstaben auf das Papier zu bringen. Es kann passieren, dass ein Kind nur drei Buchstaben auf die gesamte Länge der Zeile verteilt und die Zeile damit „voll" ist oder dass ein Kind die Buchstaben so dicht zusammenschreibt, dass nicht erkennbar ist, wo ein Buchstabe aufhört und der nächste beginnt. Andere Kinder haben vielleicht Schwierigkeiten, einen Buchstaben in der richtigen Zeile zu platzieren.

Was tun? Schwärzen Sie mit einem Filzstift nach jedem Zentimeter Zeile einen halben Zentimeter und bitten Sie das Kind, in die weißen Felder jeweils einen Buchstaben zu setzen. Wenn dem Kind die Zeile zu lang ist, können Sie

auch jeweils einen Zentimeter schwärzen; so werden die Abstände größer und das Kind muss weniger Buchstaben schreiben.
Setzen Sie Punkte auf das Papier, wo der Stift beim Schreiben eines Buchstabens ansetzt. Oder Sie markieren wichtige Punkte eines Buchstabens. So hat das Kind eine bessere Orientierung. Komplizierte Buchstaben können Sie zunächst vorschreiben und das Kind kann sie nachfahren. Im nächsten Schritt schreiben Sie nur den halben Buchstaben vor usw.
Drucken Sie alle Buchstaben aus und fahren Sie mit einem Textmarker das „Dachgeschoss" und das „Kellergeschoss" ab. So kann das Kind deutlich sehen, welche Buchstaben jeweils von „Dach" oder „Keller" betroffen sind und welche Buchstaben sich „nur" im „Haus" befinden.

Eine deutliche Visualisierung kann dem Kind helfen, zu erkennen, welche Größe die jeweiligen Buchstaben haben sollen. Sind alle Buchstaben bekannt, kann es hilfreich sein, einmal zu visualisieren, welche Buchstaben jeweils welche Größe haben. Auch den Abstand zum nächsten Buchstaben können Sie visualisieren.

Position eines Buchstabens im Wort bestimmen

Manche Kinder haben Schwierigkeiten, die Position eines Buchstabens innerhalb eines Wortes zu definieren. Steht er am Wortanfang, in der Wortmitte oder am Wortende? In der Regel bedeutet dies nicht, dass das Kind nicht hört, wo sich der Buchstabe befindet. Die Schwierigkeit liegt mehr in der Definition der Begriffe „Wortanfang", „Wortmitte" und „Wortende", die nicht eindeutig sind. Mehrsilbige Wörter haben beispielsweise eine längere Wortmitte als einsilbige Wörter.

Was tun? Visualisieren Sie die Begriffe „Wortanfang", „Wortmitte" und „Wortende". Stellen Sie dem Kind die so erarbeitete Struktur zur Verfügung und lassen Sie es bei jedem Wort das entsprechende Feld ankreuzen. Erst in einem nächsten Schritt soll das Kind die Position eines Buchstabens innerhalb eines geschriebenen Wortes identifizieren und in einem letzten Schritt die Position eines Buchstabens in einem gesprochenen Wort.

Visualisieren der Begriffe „Wortanfang", „Wortmitte", „Wortende"

Textverständnis

In der Sekundarstufe werden die Texte länger und die Schwierigkeiten, die autistische Kinder beim Verstehen der Texte haben können, sind vielfältig.

Literarische Texte verstehen

Komplexe literarische Texte zu verstehen, bereitet vielen autistischen Kindern große Schwierigkeiten. Je anspruchsvoller der Text ist, umso deutlicher tritt dies zutage. Das liegt zum einen daran, dass autistische Kinder Texte oft wörtlich nehmen und nur schwer eine andere Bedeutungsebene erkennen können. Das erschwert das Verständnis von Metaphern, Vergleichen oder Sprichwörtern. Manchmal ist ein grundlegendes Problem die Schwierigkeit des Perspektivwechsels. Aufgrund schwächerer Fähigkeiten im Bereich Theory of Mind (siehe S. 56) fällt es autistischen Kindern häufig schwer, Befindlichkeiten und Motivationen verschiedener Figuren im Text zu erkennen oder das innere Erleben einer Figur nachzuvollziehen. Auch die Kernaussage eines Textes zu erfassen, fällt ihnen schwer, weil es hierzu notwendig ist, Details des Textes in einen sinnvollen Zusammenhang zu setzen (siehe S. 18). Je komplexer Texte werden, desto mehr treten diese Schwierigkeiten im Vergleich zu neurotypischen Mitschüler*innen zutage.

Was tun? Ein autistisches Kind benötigt konkrete Fragen, um diese Ebenen erkennen zu können und Zusammenhänge innerhalb einer Handlung herstellen zu können. Unterteilen Sie den Text in kleinere Einheiten und lassen Sie das Kind nach jedem Absatz die wichtigste Aussage mithilfe einer Frage, die zu beantworten ist, herausarbeiten.

In einem literarischen Text sollen die Schüler*innen beispielsweise die Motive der Hauptfigur nachvollziehen. Diese Motive sind nicht explizit genannt, sondern erschließen sich nur aus dem Zusammenhang. Das autistische Kind kann diese Aufgabe nicht gut lösen, weil es ihm schwerfällt, die einzelnen Hinweise auf die Motive in einen sinnvollen Gesamtzusammenhang zu setzen.

Was tun? Geben Sie dem Kind Lösungsvorschläge zur Auswahl und lassen Sie es ankreuzen.

- ☐ Kevin war müde.
- ☐ Kevin war schlecht gelaunt.
- ☐ Kevin hatte Angst.
- ☐ Kevin freute sich sehr.

Lösungsvorschläge in Form von Aussagen zum Ankreuzen

Sachtexte bearbeiten

Manchen autistischen Kindern fällt die Bearbeitung von Sachtexten leichter als die Arbeit an literarischen Texten. Doch auch bei der Bearbeitung von Sachtexten ist es notwendig, sich einzelne Informationen zu merken, um sie anschließend wieder abzurufen. Aufgrund der oft eingeschränkten exekutiven Funktionen ist diese Fähigkeit bei vielen autistischen Kindern häufig weniger gut entwickelt.

Was tun? Unterteilen Sie längere Texte in kleine Abschnitte. Stellen Sie dem Kind nach jedem Abschnitt schriftlich eine Frage, die es beantworten soll, bevor es den nächsten Abschnitt liest. So kann es sein gewonnenes Wissen direkt reproduzieren und vergisst es nicht.

Texte schreiben

Vielen autistischen Kindern fällt es zu Beginn sehr schwer, selbst einen Text oder auch nur einen Satz selbst zu verfassen. Das kann verschiedene Gründe haben:

Suche nach dem einzig richtigen Satz

Aufgrund ihres Bedürfnisses nach Eindeutigkeit verstehen autistische Kinder manchmal nicht, dass Sätze oder Texte nicht generell vorgegeben sind, sondern dass man sie sich beliebig ausdenken kann. Sie gehen davon aus, dass ein Satz oder ein Text nur in einer einzigen Version „richtig" ist. Diese eine richtige Version versuchen sie dann zu finden.

Was tun? Fällt es dem Kind schwer, mit dem Schreiben eines Satzes oder Textes zu beginnen, erklären Sie (oder die Schulbegleitung) ihm, dass es sehr viele Variationen von „richtig" gibt. Vielleicht erfinden Sie einige Sätze, die sich ähneln, um diese Tatsache zu verdeutlichen.

Ausschmücken mit Adjektiven

Manchen autistischen Kindern fällt es schwer, Adjektive zu verwenden. Sie finden sie vielleicht unnötig oder empfinden die Bedeutung bestimmter Adjektive als nicht eindeutig und benutzen sie aus diesem Grund nicht.

Was tun? Arbeiten Sie zunächst mit Lückentexten. Stellen Sie zwei oder drei Adjektive zur Auswahl, die alle in einer Lücke angewendet werden könnten. Am besten visualisieren Sie deutlich und übersichtlich, welche Adjektive in welche Lücke passen können. Stellen Sie sicher, dass das Kind versteht, dass beide Adjektive gleich gut passen und es eines auswählen kann. Beide Varianten wären richtig.

Ella fand das	wunderbar – schön
Begeistert rief sie ihre Freundinnen.	
Alle Kinder waren	aufgeregt – nervös – ängstlich
Aber als sie den Deckel der Kiste öffneten,	
waren sie	erleichtert – fröhlich

Arbeiten Sie mit Lückentexten, um den Einsatz von Adjektiven zu üben.

Denken und Schreiben

Manchen autistischen Kindern fällt es schwer, gleichzeitig zu denken und zu schreiben. Sie benötigen zudem oft etwas Zeit, um vom Denken zum Schreiben zu wechseln und umgekehrt (siehe S. 82 ff.). Beim Verfassen eines Textes kann dies als behinderungsbedingter Nachteil verstanden werden.

Was tun? Führt diese Besonderheit zu einem Nachteil im neurotypischen Unterricht, kann das Kind seine Gedanken auf einen Datenträger sprechen und danach (mit Unterstützung der Schulbegleitung) abschreiben. Dadurch gehen keine Gedanken verloren. Das Kind kann beim Schreiben noch einmal überprüfen, ob alles korrekt ist. Wenn das Kind seine Aufmerksamkeit nicht über die gesamte Dauer aufrechterhalten kann, hat es jederzeit die Möglichkeit, eine Pause zu machen. Das Kind könnte auch auf einem digitalen Endgerät mit Tastatur schreiben. Sobald es so schnell tippen kann, wie neurotypische Gleichaltrige mit der Hand schreiben, ist dies eine gute Alternative. Das Kind benötigt keine gedankliche Kapazität, um die Buchstaben zu formen oder zu überlegen, wann es die Zeile wechseln soll oder ob die Buchstaben korrekt auf dem Papier stehen.

Den roten Faden herstellen

Manchmal ist es für ein autistisches Kind schwierig, einen Text zu verfassen, der einen logischen und sinnvollen Zusammenhang hat (siehe S. 18).

Was tun? Visualisieren Sie gemeinsam mit dem Kind sehr deutlich den Handlungsstrang. Ordnen Sie dann die einzelnen Erzählschritte in der richtigen Reihenfolge, am besten mit Nummern. Formulieren Sie Fragen so, dass durch deren Beantwortung ein zusammenhängender und logischer Text entsteht.

Arbeit mit Bildergeschichten

Vielen autistischen Kindern fällt es schwer, anhand von Bildergeschichten Rückschlüsse auf die dargestellte Handlung zu ziehen. Sie können den Inhalt, den das Bild transportieren soll, nur schlecht erfassen. Ist dies der Fall, sollte das als behinderungsbedingter Nachteil gewertet werden.

> **Was tun?** Leiten Sie das Kind sehr kleinschrittig mithilfe konkreter Fragen durch die Bildergeschichte. Machen Sie jeweils deutlich, welcher Aspekt des Bildes zentral ist. Bieten Sie dem Kind gegebenenfalls eine alternative Aufgabe zur Bearbeitung an.

Schreiben über eigene Erlebnisse

Die Schüler*innen sollen über eigene Erlebnisse schreiben. Das autistische Kind hat wahrscheinlich große Schwierigkeiten mit dieser Aufgabe. Vielleicht empfindet es sie als beängstigend, weil es keine eindeutig richtigen und falschen Antworten gibt. Wahrscheinlich strengt es das autistische Kind auch an, Wichtiges von Unwichtigem zu unterscheiden.

> **Was tun?** Bieten Sie dem Kind verschiedene Aussagen, die es ankreuzen kann. Diese Aussagen kann es dann (eventuell mit Unterstützung) zu einem Text verbinden.

Verfassen einer Erörterung oder Argumentation

Eine solche Aufgabenstellung ist für autistische Kinder manchmal zu komplex. Es sind sehr viele Teilschritte notwendig, um einen Text zu erstellen, der den Anforderungen gerecht wird.

> **Was tun?** Es kann notwendig sein, dass das autistische Kind die einzelnen Schritte eindeutig, strukturiert und nacheinander bearbeitet. Ein genauer Plan oder eine differenzierte Checkliste, an der sich das Kind orientieren und die es Schritt für Schritt abarbeiten kann, ist oftmals hilfreich. Allgemeine Fragen, die neurotypischen Kindern die Bearbeitung erleichtern, sind für autistische Kinder oft keine ausreichende Hilfestellung.

Einleitungssatz: „In dem Text (Titel) von (Autor*in) aus dem Jahr (Datum) geht es um …" ....

Lege fest, welche Meinung du hast: dafür oder dagegen?
❒ dafür ❒ dagegen
Notiere dir zwei Argumente dafür. Ordne sie: zuerst das Wichtigste
1. ....
2. ....
Notiere dir zwei Argumente dagegen. Ordne sie: zuerst das Wichtigste
1. ....
2. ....

Hauptteil: Formuliere die Argumente in ganzen Sätzen.
Beginne mit dem unwichtigsten Argument, das deine Sichtweise stützt.
Formuliere nun dein stärkstes Argument.
Formuliere die Argumente, die die andere Sichtweise stützen.
Beginne mit dem unwichtigsten.

Eigene Meinung/Schluss: Fasse deine Sichtweise kurz in einem Schlusssatz zusammen.

Eine genaue Anleitung, an der sich das Kind Schritt für Schritt orientieren kann, ist beim Schreiben von Texten wie einer Erörterung hilfreich.

Ein Buch vorstellen

Eine Buchvorstellung vorzubereiten, ist eine große und komplexe Aufgabe. Hilfestellungen, die neurotypischen Kindern die Bearbeitung erleichtern, sind für autistische Kinder oft nicht ausreichend.

Was tun? Versuchen Sie, diese Aufgabe für das autistische Kind zu strukturieren. Eine differenzierte Anleitung, an der sich das Kind orientieren kann, ist dabei hilfreich. Das Kind kann die einzelnen Schritte nach und nach bearbeiten, am besten Nummer für Nummer. Strukturieren Sie auch die Gestaltung des Posters mithilfe einzelner Nummern. Aufgrund eines schlechten räumlichen Vorstellungsvermögens ist es für ein autistisches Kind oft sehr schwer, ein leeres Blatt sinnvoll einzuteilen und sich vorzustellen, wie das fertige Poster aussehen könnte.

Du brauchst

- [x] dein Buch
- [x] Farbkarton DIN A3
- [x] weißes Papier, PC und Drucker
- [ ] Schere und Klebestift

Du kannst alle Texte am PC schreiben, ausdrucken und ausschneiden.
Benutze für die Überschrift Schriftgröße 40. Benutze ansonsten Schriftgröße 20.

So geht's

- [x] Schreibe den **Titel** in Schriftgröße 40.
Darunter kommt etwas kleiner der Name des Autors (Schriftgröße 30).
- [ ] Drucke ein Bild vom Titelbild aus.
- [ ] Drucke ein kleines Bild des Autors **oder** deiner Lieblingsfigur aus.
- [ ] Überschrift: „**Infos**"
Schreibe wichtige Informationen zum Buch, jeweils in eine neue Zeile:
Erscheinungsjahr (*vorne im Buch*)
Genre (*zum Beispiel Abenteuergeschichte*)
Ort (*Wo passiert der Hauptteil der Handlung?*)
Zeit (*Wann spielt die Handlung? zum Beispiel heute, in der Zukunft, im Mittelalter*)
- [ ] **Textstelle zum Vorlesen**: Suche dir eine Textstelle aus, die du vorlesen möchtest. Sie soll spannend oder lustig sein, aber nicht das Ende des Buches verraten. Vorlesezeit etwa 2–3 Minuten (*dies ist mündlich*).
- [ ] Überschrift: „**Zusammenfassung**"
Schreibe eine Zusammenfassung des Buches.
Erkläre, was in der Textstelle passiert, die du vorliest.
- [ ] …
- [ ] **Plakat erstellen**: Schneide alle Texte und Bilder ordentlich aus.
Ordne die einzelnen Teile auf dem Karton an.
Wenn alles gut passt, klebe jedes Teil auf.

Eine Buchvorstellung vorzubereiten, ist eine komplexe Aufgabe. Hat das Kind einen Plan, an dem es sich orientieren kann, wird auch die Gestaltung eines Posters möglich. In der linken Spalte kann das Kind jeweils ankreuzen, was es schon erledigt hat. Für die Anordnung der einzelnen Teile kann eine Skizze hilfreich sein.

Fremdsprachen

Für ein autistisches Kind ist es manchmal schon eine große Herausforderung, mit der eigenen Lebenswirklichkeit zurechtzukommen und die Themen neurotypischer Gleichaltriger richtig einzuordnen. Im Fremdsprachenunterricht lernen die Schüler*innen die Lebenswirklichkeit von Gleichaltrigen in einem anderen Land kennen. Diese Tatsache erschwert autistischen Jugendlichen oftmals das Lernen, bevor es überhaupt um die Sprache an sich geht. Folgende Aspekte machen den Fremdsprachenunterricht für autistische Kinder häufig zur Herausforderung:

Themen

Themen aus der Erlebniswirklichkeit neurotypischer Jugendlicher sind für autistische Jugendliche häufig schwer nachvollziehbar. Sie zusätzlich in einer anderen Sprache nachzuvollziehen und sich damit auseinanderzusetzen, macht es anstrengend und kompliziert.

> **Was tun?** Ermöglichen Sie dem Kind gegebenenfalls alternative Aufgabenstellungen. Geht es in den höheren Klassen um Textverständnis oder Interpretation, können Sie dem Kind ähnlich wie im Fach Deutsch (siehe S. 108 ff.) die Bearbeitung durch konkrete Fragen erleichtern.

Formulieren eigener Sätze

Häufig sollen Schüler*innen im Fremdsprachenunterricht über eigene Erlebnisse, wie etwa die Gestaltung des Wochenendes, berichten. Für ein autistisches Kind ist das eine große Herausforderung. Es muss sich an das Wochenende erinnern, aus diesen Erinnerungen diejenigen benennen, die in diesem Zusammenhang sinnvoll erzählt werden können, sie in die Fremdsprache übersetzen und verschriftlichen. Dieser Prozess und der ständige Wechsel von Erinnern, Bewerten, Auswählen und Übersetzen erfordert ein hohes Maß an kognitiver Flexibilität.

> **Was tun?** Das Kind kann zunächst in Stichpunkten auf Deutsch festhalten, was es in einem nächsten Schritt übersetzen und verschriftlichen möchte.

Grammatik

In der Fremdsprache unterscheiden sich die Regeln zu Satzstellung sowie Groß- und Kleinschreibung wahrscheinlich von den Regeln, die das Kind aus dem Fach Deutsch kennt. Dies ist für autistische Kinder oftmals schwer zu akzeptieren. Es stellt ihr Verständnis von eindeutig richtig und eindeutig falsch infrage.

> **Was tun?** Erarbeiten Sie sehr eindeutig die Unterschiede zwischen den jeweiligen Sprachen und visualisieren Sie sie sehr deutlich. Üben Sie die unterschiedliche Satzstellung oder die Unterschiede in der Groß- und Klein-

schreibung sehr sorgfältig. Lassen Sie das Kind in einem nächsten Schritt die Unterschiede zur deutschen Sprache jeweils klar markieren.

Wörter mit mehreren Bedeutungen

Manche deutschen Wörter haben in der Fremdsprache mehrere Bedeutungen und umgekehrt haben manche fremdsprachlichen Wörter im Deutschen mehrere Bedeutungen. Diese Tatsache ist für ein autistisches Kind schwierig zu akzeptieren, weil dadurch das Bedürfnis nach Eindeutigkeit nicht befriedigt wird.

Was tun? Schreiben Sie die Wörter mit allen möglichen Bedeutungen untereinander, sodass das Kind diese, deutlich visualisiert, erfassen kann.

himself → er selbst himself → sich selbst	to kick → schießen to kick → treten	to fall → hinfallen to fall → fallen to fall → umfallen

Visualisieren Sie Fremdwörter mit mehreren Bedeutungen sehr eindeutig und ausführlich.

Korrekte Verwendung der Verbzeiten

Viele autistische Kinder haben aufgrund ihres eingeschränkten Arbeitsgedächtnisses (siehe S. 61) Schwierigkeiten mit mehrteiligen Anforderungen in einer Aufgabe. Es fällt ihnen schwer, das Wissen zur Bildung und Anwendung der Verbzeiten abzurufen und gleichzeitig korrekt umzusetzen. Das ist besonders der Fall, wenn noch eine weitere Anforderung, wie etwa das Sprechen der Fremdsprache, hinzukommt. Auch das Aufschreiben ist oftmals als eigenständige, zusätzliche Handlung zu bewerten.

Was tun? Auch hier hilft Struktur und Visualisierung sowie ein kleinschrittiges Vorgehen. Erarbeiten Sie im Unterricht die Regeln und visualisieren Sie sie eindeutig und übersichtlich. Stellen Sie dem Kind eine Tabelle zur Verfügung, in die es sein Wissen strukturiert eintragen kann. Ermöglichen Sie es dem Kind, die ausgefüllte Tabelle bei den Hausaufgaben anzuwenden. Lassen Sie das Kind die Tabelle bei der Klassenarbeit selbst ausfüllen und nutzen. Hierfür wäre es dann notwendig, den Nachteilsausgleich entsprechend zu formulieren und zusätzliche Zeit zur Verfügung zu stellen.

<u>Simple Present</u>

Verwendung: regelmäßige Handlungen, Gewohnheiten
Signalwörter: every, always, often, usually, sometimes

Beispiel:
I play football.
She plays football.

Verneinung:
don't + Infinitiv. **<u>Oder</u>** doesn't + Infinitiv.
→ *I don't play football.*
→ *She doesn't play football.*

Frage:
Do … + Infinitiv? **<u>Oder</u>** Does … + Infinitiv?
→ *Do I play football?*
→ *Does she play football?*

Übersicht über die Bildung und Verwendung des Simple Present.

Gesellschaftswissenschaftliche Fächer

Auch bei den gesellschaftswissenschaftlichen Fächern wie Sozialkunde, Geschichte, Erdkunde oder Ethik und Religion sind autistische Kinder häufig behinderungsbedingt im Nachteil. Ihnen fehlen in diesen Themenbereichen meist die Fähigkeiten, die Perspektive zu wechseln, eine Gegebenheit aus unterschiedlichen Blickwinkeln zu betrachten oder Motive für bestimmte Handlungen zu ergründen, sowie die Fähigkeit, zu abstrahieren oder Ursache-Wirkungs-Verhältnisse zu erkennen.

Hinzu kommt, dass die Lernmaterialien besonders in diesem Fächerverbund auch in der weiterführenden Schule zahlreiche Abbildungen sowie ergänzende Texte mit zusätzlichem Hintergrundwissen und veranschaulichenden Beispielen enthalten und damit wenig barrierefrei sind. Die Hervorhebung wichtiger Inhalte mithilfe roter Kästen oder durch eine andere Schriftart oder Fettungen trägt in der Wahrnehmung autistischer Kinder selten zu mehr Übersichtlichkeit bei. Es kommt viel eher vor, dass die Kinder rote Kästen oder abgesetzte Texte erst gar nicht wahrnehmen. Hier ist es wichtig, das Kind in seiner Aufmerksamkeitslenkung zu unterstützen und sehr deutlich zu machen, welche Stellen oder Texte wichtig sind. Außerdem sollten Sie darauf achten, dass die erarbeiteten Lerninhalte sorgfältig gesichert werden.

Folgende, für die gesellschaftswissenschaftlichen Fächer wichtige Kompetenzen sind bei autistischen Kindern eingeschränkt, was im Unterricht zu Schwierigkeiten führen kann:

(Kausale) Zusammenhänge erkennen

Autistischen Kindern fällt es oft schwer, einzelne Details in einen größeren Zusammenhang zu stellen oder ein kausales Verhältnis nachzuvollziehen.
Dies betrifft sowohl geografische als auch geschichtliche oder politisch-gesellschaftliche Themen.

Was tun? Formulieren Sie Zusammenhänge und Ursache-Wirkungs-Verhältnisse sehr deutlich und geben Sie dem Kind genügend Zeit, diese nachzuvollziehen und erkennen zu können. Gehen Sie dabei möglichst kleinschrittig vor und visualisieren Sie jeden Schritt. Achten Sie bei Tafelbildern darauf, dass nicht zu viele Informationen auf einmal gegeben sind. Heben Sie relevante Informationen deutlich hervor. Achten Sie bei Arbeitsblättern darauf, dass die einzelnen Aufgaben nicht zu umfangreich sind, sondern jede Aufgabe klar umrissen ist. Teilen Sie Aufgaben, falls nötig, in mehrere Teilaufgaben.

Politische Sachverhalte und Prozesse nachvollziehen

Um politische Zusammenhänge und Prozesse nachvollziehen zu können, ist einerseits Fachwissen notwendig, andererseits die Fähigkeit, dieses Fachwissen anzuwenden.

Was tun? Wie beim Fach Deutsch erläutert, kann es sinnvoll sein, kleinschrittig vorzugehen und längere oder komplexere Texte in kleine Abschnitte zu unterteilen. Nach jedem Abschnitt kann mit einer entsprechenden Frage die zentrale Aussage des Absatzes als Antwort formuliert werden (siehe S. 110).

Sich eine eigene Meinung bilden

Autistische Kinder benötigen oft sehr viele Informationen, um eine Entscheidung treffen zu können. Daher ist es für sie häufig sehr anstrengend, eine eigene Haltung zu einem bestimmten Thema zu entwickeln, und sie benötigen hierfür oftmals mehr Zeit.

Was tun? Lassen Sie das Kind Listen mit Pro- und Kontra-Argumenten anlegen und im nächsten Schritt die Argumente nach ihrer Wichtigkeit ordnen. So können Sie das Kind unterstützen, eine Meinung zu entwickeln und zu begründen.

Alltagsrelevante Themen erarbeiten

Häufig geht es in den gesellschaftswissenschaftlichen Fächern um Themen, die die Lebenswirklichkeit junger neurotypischer Menschen unmittelbar betreffen. Für ein autistisches Kind werden viele dieser Themen eher abstrakt bleiben.

Was tun? Versuchen Sie, Zusammenhänge zwischen dem Unterrichtsthema und der Lebenswirklichkeit des autistischen Kindes herzustellen und so die Themen kleinschrittig und konkret zu erarbeiten. Die Auseinandersetzung mit realitätsnahen Themen ist wichtig und ermöglicht dem autistischen Kind wenigstens die theoretische Teilhabe. Es wird dennoch Themen geben, zu denen das autistische Kind sich nicht äußern kann oder will. Ziehen Sie in diesem Fall eine alternative Form der Leistungsbewertung in Erwägung.

Arbeit mit Text- oder Bildquellen

Eine wichtige Kompetenz in den gesellschaftswissenschaftlichen Fächern stellt die Auseinandersetzung mit Text- und Bildquellen dar. Für autistische Kinder ist es oftmals sehr schwierig, Quellen, vor allem Bildquellen, richtig zu interpretieren und daraus Schlussfolgerungen zu ziehen. Quellen, die metaphorischen Charakter haben, sowie Karikaturen verstehen sie oftmals überhaupt nicht. Ist dies der Fall, sollten Sie es als behinderungsbedingten Nachteil einstufen.

Was tun? Sorgen Sie, so weit wie möglich, für Klarheit und Eindeutigkeit. Stellen Sie dem Kind unter Umständen eine „Übersetzung“ der Quelle zur

Verfügung. Bei Leistungsfeststellungen kann es notwendig werden, Absprachen zu treffen und zu prüfen, welche Möglichkeiten zum Nachteilsausgleich es in Ihrem Bundesland gibt.

Interesse an einem Thema entwickeln

Natürlich ist es immer hilfreich, wenn sich die Kinder für ein neues Thema im Unterricht interessieren. Autistischen Kindern fällt dies manchmal schwerer als neurotypischen Kindern, da sie ihre Motivation und Aufmerksamkeit nur schwer lenken können (siehe S. 62).

Was tun? Versuchen Sie, einen interessanten Aspekt des Themas besonders herauszustellen. Dies ist jedoch nicht immer möglich. Geben Sie in diesem Fall zu Beginn eines neuen Themas einen differenzierten Überblick darüber, was nun erarbeitet wird. Am besten schriftlich. So kann sich das autistische Kind vielleicht besser darauf einlassen.

Ethische und religiöse Fragestellungen

Themen, die in den Fächern Ethik und Religion behandelt werden, wie zum Beispiel die Frage nach dem Sinn des Lebens oder der Endlichkeit menschlichen Seins, können autistische Kinder oft schwer aushalten. Denn ihr Bedürfnis nach Klarheit und Vorhersehbarkeit lässt sich kaum mit diesen Fragestellungen vereinen. Die Beschäftigung mit diesen Themen kann Ängste hervorrufen oder verstärken und das Gefühl von Hilflosigkeit und Kontrollverlust intensivieren.

Was tun? Es ist wichtig, mit dem autistischen Kind individuell gut in Kontakt zu sein, um mögliche Ängste frühzeitig zu erkennen. Sie sollten sehr gut abschätzen, wo die Grenzen des Kindes liegen. Es kann sein, dass es mit diesen Themen gut zurechtkommt. Genauso kann das Thema aber Ängste und Unsicherheiten begünstigen oder sogar auslösen. In einem solchen Fall sollte eine Sonderregelung vereinbart werden und dem Kind unter Umständen die Teilnahme an einzelnen Unterrichtseinheiten erspart bleiben.

Normen und Werte

Beim Thema „Normen und Werte" spielt eine Vielzahl gesellschaftlicher Regeln eine Rolle, die im Alltag als bekannt vorausgesetzt und oftmals nicht verbalisiert werden. Ein autistisches Kind kennt wahrscheinlich nicht alle diese Regeln (Beispiel: soziale Lügen).

Was tun? Sprechen Sie möglichst deutlich über Normen, Werte und ungeschriebene Regeln, die in unserer Gesellschaft gelten. Lassen Sie das Kind eine Tabelle anlegen oder wählen Sie eine andere Form der Visualisierung.

Technik und Hauswirtschaft

Generell sollte die Lehrkraft für Technik oder Hauswirtschaft wissen, inwieweit das autistische Kind sensibel auf sensorische Reize, wie Lautstärke (etwa von Maschinen) oder Gerüche, reagiert, und das Kind vor einer Reizüberflutung schützen. Zum Schutz vor Geräuschen kann das Kind einen Lärmschutzkopfhörer tragen. Um störende Gerüche zu vermeiden, kann das Kind am geöffneten Fenster arbeiten. Ermöglichen Sie dem Kind, den Raum zu verlassen, wenn es eine unangenehme Wahrnehmungsempfindung hat (siehe S. 31).

Technik

In folgenden Bereichen des Technikunterrichts kann es aufgrund mancher eingeschränkten Fähigkeiten autistischer Kinder zu Problemen kommen:

Räumliches Vorstellungsvermögen

Viele autistische Kinder haben ein schlechtes räumliches Vorstellungsvermögen. Sollen die Schüler eine technische Zeichnung anfertigen, kann es sein, dass das autistische Kind damit überfordert ist.

> **Was tun?** Lassen Sie das Kind eine einfachere Variante zeichnen. Manchmal hilft es, wenn die Schulbegleitung laut „vordenkt", sodass das Kind die Gedanken nachvollziehen kann. Um dem Kind den Wechsel von Denken und Zeichnen zu ersparen, kann die Schulbegleitung nach den Anweisungen des Kindes zeichnen.

Umgang mit Maschinen und Werkzeugen

Manche autistischen Kinder haben Mühe, ihre Bewegungsabläufe gut zu kontrollieren. Beim Bedienen von Maschinen stellen sie sich vielleicht nicht sehr geschickt an. Auch haben die Kinder oft weniger Bewusstsein für Gefahren durch scharfe oder spitze Werkzeuge (siehe S. 18 und 124).

> **Was tun?** Begleiten Sie das Kind aufmerksam, während es an einer Maschine arbeitet. Visualisieren Sie bei Bedarf den Zusammenhang zwischen Gefahrenquellen und möglichen Verletzungen sehr deutlich. Sorgen Sie dafür, dass das Kind ungestört und in Ruhe arbeiten kann.

Planung und Organisation von Arbeitsabläufen

Autistische Kinder tun sich oft schwer damit, Arbeitsabläufe sinnvoll zu planen – beispielsweise um ein Werkstück zu fertigen. Die logische Abfolge einzelner Schritte erschließt sich ihnen nicht von allein.

Was tun? Begleiten Sie das Kind und visualisieren Sie beispielsweise einen Schritt nach dem nächsten, sodass das Kind sich an diesem Plan orientieren kann. Ermöglichen Sie dem Kind, in kleinen Schritten zu arbeiten.

Ein Werkstück aus Einzelteilen zusammensetzen

Aufgrund der schwachen zentralen Kohärenz fällt es autistischen Kindern oft schwer, anhand von Zeichnungen oder Anleitungen ein Werkstück nachzubauen bzw. einzelne Teile korrekt zusammenzufügen.

Was tun? Geben Sie dem Kind Zeit, sich mit der Aufgabe vertraut zu machen. Unterteilen Sie die Aufgabe in kleine Schritte. Kennzeichnen Sie einzelne Teile, damit das Kind besser erschließen kann, wie sie zusammengesetzt werden.

Hauswirtschaft

Für autistische Kinder ist es oftmals herausfordernd, Abläufe zu koordinieren, die gleichzeitig stattfinden sollen. Im Bereich Hauswirtschaft kann dies eine zentrale Schwierigkeit darstellen, für die man individuelle Lösungen finden sollte.

Planung und Organisation von Arbeitsabläufen

Arbeitsabläufe, beispielsweise bei der Zubereitung eines Gerichts, sinnvoll zu planen, ist für autistische Kinder oftmals eine große gedankliche Anstrengung. Finden Arbeitsabläufe zudem parallel statt, kann das autistische Kind damit überfordert sein und in Stress geraten. Die logische Abfolge einzelner Tätigkeiten erschließt sich autistischen Kindern oft nicht von selbst.

Was tun? Begleiten Sie das Kind bei der Planung von Abläufen. Erarbeiten Sie mit dem Kind sehr genau, welche Tätigkeiten welche Zeitspanne in Anspruch nehmen werden und wo gegebenenfalls Pausen entstehen. Visualisieren Sie einen Schritt nach dem nächsten, sodass das Kind sich an diesem Plan orientieren kann. Ermöglichen Sie dem Kind, in kleinen Schritten zu arbeiten.

Wiederkehrende Arbeitsabläufe

Viele autistische Kinder beherrschen wiederkehrende Arbeitsabläufe, wie zum Beispiel das Reinigen des Arbeitsplatzes, erst nach einer längeren Zeit und müssen dafür intensiver üben als neurotypische Kinder.

Was tun? Unterteilen Sie komplexe Abläufe in kleine Schritte und beschreiben oder visualisieren Sie diese sehr deutlich. Geben Sie dem Kind genügend Zeit zum Üben. Falls erforderlich, kann ein Modifizieren der Aufgaben hilfreich sein.

Sicherer Umgang mit scharfen Messern

Aufgrund ihrer schwachen zentralen Kohärenz können autistische Kinder den Zusammenhang zwischen einer potenziellen Gefahrenquelle, wie einem scharfen Messer oder einem anderen Gerät, und der Verletzungsgefahr nicht immer und zu jedem Zeitpunkt korrekt und realistisch herstellen.

Was tun? Sorgen Sie dafür, dass das Kind sich konzentrieren kann und während seiner Tätigkeit nicht gestört wird. Visualisieren Sie den Zusammenhang zwischen einer Gefahrenquelle und möglichen Verletzungen.

Sport, Bildende Kunst und Musik

Sportunterricht

Im Sportunterricht fallen die Besonderheiten autistischer Kinder oft in ganz besonderer Weise auf und sind sehr vielschichtig.

Körperlicher Aspekt

Autistische Kinder haben häufig Schwierigkeiten, Bewegungen zu planen, zu koordinieren und korrekt zu kontrollieren. Auch haben sie häufig keine gute Körperspannung. Beides kann den Sportunterricht zu einer Herausforderung machen.

Aufgrund ihrer sensorischen Wahrnehmungsbesonderheiten kann es darüber hinaus vorkommen, dass sie Berührungen – etwa bei der Hilfestellung – als extrem unangenehm oder sogar schmerzhaft empfinden. Auch die Geruchsempfindlichkeit kann im Sportunterricht zum Problem werden, wenn das Kind Schweißgeruch stark wahrnimmt (siehe S. 31).

Was tun? Falls das Kind Schwierigkeiten in der Bewegungsplanung und -koordination hat, sollten Sie dies mit den Eltern und der Schulleitung bzw. Klassenlehrkraft besprechen und eventuell Sonderregeln vereinbaren.

Sozialer und emotionaler Aspekt

Übungen oder Spiele, die eine gruppendynamische Entwicklung zur Folge haben, sind für autistische Kinder oft mit viel Stress verbunden. Das Spielerische erschließt sich ihnen oft nicht von allein und sie nehmen solche Entwicklungen manchmal sehr ernst. Kommt es beispielsweise dazu, dass „ihr" Team verliert, kann es sein, dass sie diese Niederlage nicht so gut verarbeiten können wie neurotypische Gleichaltrige. Auch Ungerechtigkeit empfinden autistische Kinder manchmal sehr stark. Da sie eine Situation oft nicht in den

korrekten Zusammenhang setzen, kann es passieren, dass sie die Zusammensetzung der Teams oder auch Spiele, die eigentlich nur zum Aufwärmen gedacht waren, sehr ernst nehmen (siehe S. 18). Aufgrund der körperlichen Bewegung kann es passieren, dass sie in einer solchen Situation weniger angemessen reagieren, als es ihnen in einem ruhigen Moment möglich wäre. Ein autistisches Kind gerät vielleicht so sehr über die Niederlage seines Teams in Aufregung, dass es verbal oder auch handgreiflich unangemessen stark reagiert (siehe S. 62).

Was tun? Geben Sie dem Kind bei erhöhtem Stresspegel die Gelegenheit, sich wieder zu regulieren. Wahrscheinlich benötigt es einen Moment ungestörter Ruhe, um sich wieder zu fangen. Achten Sie bei der Einteilung in Gruppen möglichst auf ein gutes Gleichgewicht. Erklären Sie dem Kind, dass ein Spiel vielleicht nur zum Aufwärmen dient. Lassen Sie es eventuell andere Übungen machen, um sich aufzuwärmen. Bei gruppendynamischen Spielen ist es manchmal sinnvoll, das Kind nicht zur Teilnahme zu drängen. Vielleicht kann es eine andere Aufgabe übernehmen, beispielsweise Punkte zählen. Sollten die emotionalen Schwierigkeiten anhalten und sollte es vermehrt zu auffälligen Situationen kommen, ist eine teilweise Befreiung vom Sportunterricht möglicherweise eine Alternative.

Förderung der exekutiven Funktionen

Der Sportunterricht bietet zahlreiche sehr gute Möglichkeiten, um die exekutiven Funktionen (siehe S. 61) zu stärken. Spiele, bei denen die Kinder plötzlich die Laufrichtung ändern oder auf unterschiedliche Befehle hin unterschiedliche Bewegungen ausführen müssen, trainieren kognitive Flexibilität, Impulskontrolle und Arbeitsgedächtnis. Der Sportunterricht kann also eine wichtige Rolle bei der Förderung eines autistischen Kindes spielen und es ihm ermöglichen, diese Fähigkeiten weiterzuentwickeln. Achten Sie dabei jedoch immer darauf, dass das Kind emotional und motorisch nicht überfordert wird.

Bildende Kunst

Es kann sein, dass ein autistisches Kind sehr viel Unterstützung benötigt, um Aufgaben im Fach Bildende Kunst bewältigen zu können. Es muss zunächst verstehen, dass es in diesem Fach meist kein Richtig oder Falsch gibt.
Generell fällt es autistischen Kindern leichter, Aufgaben zu bewältigen, die klar formuliert sind und deren Ausführung wenig Spielraum lässt. Im Fach Bildende

Kunst ist die Aufgabenstellung zwar häufig klar formuliert, die Ausführung kann jedoch sehr unterschiedlich sein, da die Kinder ja gerade die Möglichkeit haben sollen, sie individuell umzusetzen.

Auch die motorischen Fähigkeiten können eine Rolle spielen. Manche autistischen Kinder haben aufgrund eines zu schwachen oder zu starken Muskeltonus Schwierigkeiten, den Druck eines Pinsels oder Stifts auf das Blatt richtig zu dosieren oder die Bewegungen der Hand korrekt zu steuern.

Aufgrund der Wahrnehmungsbesonderheiten (siehe S. 31) kann es vorkommen, dass das Kind die Arbeit mit bestimmten Materialien wie Fingerfarbe verweigert. Hier sollten Sie Alternativen finden und dem Kind beispielsweise erlauben, mit dem Pinsel zu malen. Ist das nicht möglich, können Sie die Aufgaben vielleicht so modifizieren, dass das autistische Kind sie bewältigen kann. Auch der Geruch von Farben kann für ein autistisches Kind unangenehm sein.

Folgende Aufgaben können im Fach Bildende Kunst eine Herausforderung für autistische Kinder darstellen:

„Male einen Wald. Benutze dafür Wasserfarben und verschieden dicke Pinsel."

Dem autistischen Kind stellen sich viele Fragen: Wie viele Bäume soll ich malen? Sollen es Laubbäume oder Nadelbäume sein? Wie dick sollen die Baumstämme sein? Wie nah sollen die Bäume beieinanderstehen? Welche Farben sollen genau benutzt werden?

> **Was tun?** Formulieren Sie die Aufgabe für das autistische Kind so differenziert wie möglich oder zeigen Sie Beispielbilder. Sagen Sie in diesem Fall deutlich, was an den gezeigten Bildern das Beispielhafte ist. Benennen Sie also klar, was Sie erwarten und wo das Kind etwas variieren, weglassen oder anders malen kann. Es kann hilfreich sein, mit dem Kind gemeinsam das Blatt einzuteilen, sodass es eine Orientierung hat, wo Bäume, Himmel oder Erdboden gemalt werden könnten.

Die Schüler*innen sollen ein Bild malen, das bestimmte Elemente zeigen soll

Dem autistischen Kind fällt es wahrscheinlich schwer, das Blatt so einzuteilen, dass dies gelingt. Vielleicht kann es keinen Punkt auf dem Papier definieren, an dem es den Stift ansetzt und beginnt. Diese Schwierigkeiten gehen auf die schwache zentrale Kohärenz zurück (siehe S. 18). Das Kind erfasst das Blatt oder das Bild nur schwer als Ganzes. Vielmehr sieht es einzelne Ausschnitte. Es kann also gut sein, dass das Bild keine sinnvolle Gesamtkomposition ergibt.

Was tun? Sie oder die Schulbegleitung können mit dem Kind zunächst einzelne Felder kennzeichnen, in die jeweils ein Element gemalt werden soll. Alternativ kann das Kind jedes Element auf ein einzelnes Blatt zeichnen und die Teile später ausschneiden und zu einem Bild zusammenfügen.

Musik

Im Musikunterricht spielt die Verarbeitung auditiver Informationen eine besondere Rolle. Kinder mit Besonderheiten in der auditiven Wahrnehmungsverarbeitung (siehe S. 27) werden in diesem Fach unter Umständen große Schwierigkeiten mit folgenden Gegebenheiten haben:

Auditive Reizüberflutung

Sehr viele autistische Kinder verarbeiten sensorische Reize anders als neurotypische Gleichaltrige. Dadurch kommt es schneller zu einer Reizüberflutung. In einem Fach wie Musik kann es passieren, dass ein Kind in die Situation einer Reizüberflutung gerät, wenn es bei lauter Musik zu viele oder zu ungeordnete auditive Informationen empfängt.

Was tun? Schützen Sie das Kind vor einer Reizüberflutung. Das Kind kann beispielsweise einen Gehörschutz tragen, sodass es das Musikstück nur gedämpft hört.

Melodien hören

Das Kind kann einzelne Töne erkennen, diese aufgrund der schwachen zentralen Kohärenz jedoch nicht im Zusammenhang als Melodie erkennen. Ebenso kann es dem Kind schwerfallen, ein Thema herauszuhören und an einer anderen Stelle wiederzuerkennen.

Was tun? In diesem Fall handelt es sich um eine behinderungsbedingte Einschränkung. Es wird nur schwer möglich sein, das Kind dabei zu unterstützen, eine Tonfolge als Melodie oder als Thema wahrzunehmen. Manchmal hilft es, die Töne wiederholt zu hören. Kommen jedoch zur Hauptmelodie andere Instrumente hinzu, wird es dem Kind wahrscheinlich dennoch nicht gelingen. Überlegen Sie, ob Sie die Einschränkung im Sinne eines Nachteilsausgleiches betrachten können und welche Alternativen es im Rahmen der Leistungsfeststellung gibt.

Musik als Ausdruck von Gefühlen

Viele autistische Kinder tun sich schwer damit, Gefühle wahrzunehmen und auf adäquate Weise auszudrücken (siehe S. 58). Im Fach Musik kann sich das so äußern, dass das Kind vielleicht Moll-Tonarten nicht mit traurigen Emotionen in Verbindung bringt. Musik als Ausdruck von Gefühlen wahrzunehmen, kann für ein autistisches Kind eine höchst komplexe und unlösbare Aufgabe sein.

Was tun? Manche Kinder profitieren davon, im Musikunterricht dieser Thematik zu folgen, um auch auf diesem Weg den Umgang mit Emotionen zu üben. Es kann jedoch auch sein, dass Sie dem Kind im Sinne des Nachteilsausgleichs andere Arten der Leistungsfeststellung ermöglichen müssen.
Für sehr sensible Kinder mit Autismus-Spektrum-Störung kann die Beschäftigung mit emotionalem Ausdruck in der Musik belastend sein, da sie sich innerlich nicht von der Emotionalität der Musik abgrenzen können. In einem solchen Fall sollten Sie über Alternativen nachdenken und das Kind sogar gegebenenfalls von den entsprechenden Unterrichtseinheiten befreien.

Wie Inklusion gelingen kann

Overload, Meltdown und Shutdown vorbeugen

Viele autistische Kinder zeigen eine besonders sensible Verarbeitung der sensorischen und emotionalen Wahrnehmung (siehe S. 23 ff.). Sie können die Reize, denen sie in der Schule ausgesetzt sind, oft im Verlauf des Schultages zunehmend schlechter verarbeiten. So kann es zu einer Reizüberflutung oder einem **Overload** kommen. Das ist ein Zustand, in dem das Kind zu viele Reize verarbeiten muss und dies nicht mehr leisten kann. Im schulischen Kontext sind hierbei vor allem die auditive und die visuelle Wahrnehmung sowie sozial-emotionale Anforderungen von Bedeutung.
In der Schule herrscht fast durchgehend eine Geräuschkulisse – sowohl im Unterricht als auch in den Pausen. Was die meisten neurotypischen Kinder als erholsames „Geplapper" während der Pausen wahrnehmen und sie entspannt, kann für ein autistisches Kind zu einem Rauschen werden, das unaufhaltsam auf es einströmt und dem es sich nicht entziehen kann. Während des Unterrichts wird ebenfalls fast durchgehend gesprochen. Entweder sprechen Sie als Lehrkraft oder es spricht ein Kind. Auch in Stillarbeitsphasen wird oft geflüstert oder es kommt zu Nebengeräuschen, wie Husten oder Stühlerücken.

Auch eine Reizüberflutung im sozial-emotionalen Bereich kann zu einem Overload beitragen. Viele autistische Kinder empfinden die soziale Interaktion als sehr anstrengend. Manchmal verstehen sie nicht, warum man über Nebensächliches oder Unwichtiges überhaupt spricht. Auch sind ihre ToM-Fähigkeiten oft weniger gut ausgeprägt (siehe S. 56 ff.). All das kann eine Überforderung mitverursachen, vor allem wenn das Kind bereits eine Vielzahl sensorischer Reize über den Tag hinweg verarbeiten musste. Kommt dann noch eine kleine soziale Herausforderung hinzu, kann es irgendwann nicht mehr angemessen reagieren und es kommt zur Krise.

Was tun? Befindet sich das Kind bereits an der Grenze dessen, was es verarbeiten kann, können Sie nur noch gegensteuern, indem Sie dem Kind ganz schnell eine sichere und reizarme Umgebung verschaffen. Mit etwas Glück kann sich das Kind dann regulieren, sodass es nicht zu einer größeren Krise kommt. Dafür ist es notwendig, eine Reizüberflutung oder eine Überforderung im sozial-emotionalen Bereich frühzeitig zu erkennen und zu beenden.

Gelingt es bei einer Reizüberflutung nicht, rechtzeitig gegenzusteuern, erlebt das Kind als Reaktion auf den Overload möglicherweise einen **Meltdown**. Dieser Zustand, der mit einer „Kernschmelze" verglichen wird, ist für alle Beteiligten meist sehr unangenehm oder auch beängstigend. Das Kind reagiert verbal oder handgreiflich mit stark aggressivem Verhalten, das wie ein Wutausbruch wirkt. Ein Meltdown vollzieht sich für Außenstehende oft scheinbar grundlos oder als völlig übertriebene Reaktion auf eine Kleinigkeit. Leider ist der Overload, der diesem Meltdown wahrscheinlich vorausgegangen ist, für neurotypische Menschen oft nicht wahrnehmbar. Sie haben deshalb häufig Schwierigkeiten, für dieses Verhalten Verständnis aufzubringen und es richtig einzuordnen. Das inakzeptable Verhalten, die unangemessenen Beschimpfungen oder die Handgreiflichkeiten stehen dabei zunächst im Vordergrund.

Der Meltdown ist eine gesunde Reaktion des überforderten Gehirns mit dem einzigen Ziel, dem unerträglichen Zustand ein Ende zu bereiten.

Was tun? Zunächst ist es sehr wichtig, dass Sie den Zustand richtig einordnen. Es handelt sich bei einem Meltdown weder um eine Trotzreaktion noch um einen Wutausbruch, mit dem das Kind seinen Unmut äußern oder Sie provozieren will. Das Kind kann seine Reaktionen in diesem Zustand nur noch bedingt steuern. Es eskaliert nicht absichtlich. Befindet sich ein Kind in einem Meltdown, sollten Sie möglichst viele Reize ausschalten.

- Sorgen Sie, wenn möglich, dafür, dass keine anderen Kinder im Zimmer sind, um die sozial-emotionale Situation zu entspannen. Weiterhin ist es vorteilhaft, wenn möglichst wenige Kinder diese Situation miterleben. Dem autistischen Kind wird die Situation später vielleicht unangenehm sein. Es ist gut, wenn Sie die Privatsphäre des Kindes in diesem Moment schützen.
- Sprechen Sie möglichst nicht mit dem Kind. Wenn Sie etwas sagen, dann sprechen Sie sehr langsam. Wählen Sie eindeutige Worte und beschränken Sie sich auf das Wesentliche. Sagen Sie dem Kind zum Beispiel in ruhigem Ton, was Sie als Nächstes tun werden.
- Schalten Sie das Licht aus, schließen Sie die Fenster und ziehen Sie gegebenenfalls die Vorhänge zu, um zusätzliche visuelle Reize zu minimieren und Geräusche von außen zu dämpfen.
- Vermeiden Sie weitestgehend Blickkontakt mit dem Kind. Blickkontakt könnte das Kind so verstehen, dass Sie mit ihm kommunizieren möchten. Das wäre eine weitere Anforderung, der das Kind in der Situation wahrscheinlich nicht gewachsen ist. Es müsste sich überlegen, wie es reagiert, ob es den Blickkontakt erwidert oder nicht usw. Der Blickkontakt würde zu der schon vorliegenden Reizüberflutung beitragen. Der emotionale Aspekt von Kommunikation ist in einer solchen Situation eindeutig eine Überforderung.

- Fassen Sie das Kind nicht an. Die Berührung würde zusätzliche Reize auslösen. Außerdem wissen Sie nicht, ob das Kind Sie gerade wahrnimmt. Eventuell wäre es von einer Berührung überrascht oder würde sie als bedrohlich wahrnehmen.
- Bewegen Sie sich langsam durch das Zimmer.
- Lassen Sie das Kind in Ruhe und geben Sie ihm etwas Zeit. Es wird wahrscheinlich nach einer Weile wieder bereit sein, zu kommunizieren.
- Sprechen Sie nicht darüber, was gerade geschehen ist. Wahrscheinlich ist es dem Kind unangenehm, vielleicht bewertet es ein Gespräch als Zurechtweisung. Es ist nicht hilfreich, das unangemessene Verhalten direkt nach der Situation zu reflektieren oder zu thematisieren.
- Wenn das Kind bereit ist, gehen Sie langsam in die Klasse zurück. Während des Unterrichts in das Klassenzimmer einzutreten, kann für das Kind mit großem Stress verbunden sein. Manchmal ist es daher besser, das Kind erst nach der nächsten Pause zu den Mitschüler*innen zurückkehren zu lassen.

Manchmal zieht sich ein autistisches Kind als Reaktion auf eine Reizüberflutung in sich selbst zurück und „schaltet ab". Man spricht dabei von einem **Shutdown**. Das Kind nimmt nicht mehr wahr, was um es herum geschieht, und reagiert nicht mehr im gewohnten Maß auf seine Umwelt. Es kann sogar sein, dass das Kind spontan einschläft. Auch dies ist eine Reaktion des Gehirns auf eine Überforderungssituation und hat ebenso wie ein Meltdown eine Schutzfunktion. Das überlastete Gehirn schützt sich so vor der Aufnahme weiterer Reize, die es nicht mehr verarbeiten könnte.

> **Was tun?** Das autistische Kind benötigt in einer solchen Situation wie bei einem Meltdown eine reizarme Umgebung und eine Pause von sozialer Kommunikation. Nach einer Weile wird es bereit sein, wieder zu den anderen zurückzugehen.

Wenn Vorbeugen zu spät ist: Notfallplan

Im Idealfall vermeiden Sie Situationen, in denen es zu einem Meltdown oder Shutdown kommt. Dafür ist es notwendig, mögliche Auslöser zu kennen und zu wissen, welche Situationen schwierig für das Kind werden können (siehe S. 69). Manchmal gelingt es jedoch nicht, präventiv zu handeln, und es kommt zur Krise. Das kann passieren, wenn beispielsweise eine fremde Lehrkraft die Klasse unterrichtet, die nur wenig über den Umgang mit dem autistischen Kind weiß. Manchmal ist die Schulbegleitung nicht anwesend oder es tritt aus anderen Gründen eine unvorhersehbare schwierige Situation ein. Für diese Situationen sollte es eine Art Notfallplan geben, dem die jeweiligen Lehrkräfte entnehmen können, wie sie sich verhalten sollen.

Der Notfallplan sollte übersichtlich konkrete Maßnahmen beschreiben, die die jeweilige Lehrkraft anwenden kann, wenn eine Situation eskaliert. Die Maßnahmen sollten je nach Anspannungslevel differenzieren und von den Beteiligten möglichst einheitlich durchgeführt werden. Wichtig ist es auch, deutlich zu machen, wo die Möglichkeiten und die Grenzen im schulischen Kontext liegen. Sie können keine Einzelbegleitung im Sinne einer Therapie leisten. Auch sind Ihre personellen Ressourcen wahrscheinlich begrenzt und Sie befinden sich nicht in einem therapeutischen Setting, sondern an einer Schule. Am besten informieren Sie alle Beteiligten in einer Konferenz über den Notfallplan und stellen ihn anschließend allen zur Verfügung.

Um einen Notfallplan zu entwickeln, sind folgende Überlegungen hilfreich:

- Welche sichtbaren Anzeichen der Anspannung gibt es bei dem Kind (siehe S. 56)?
- Welche unterschiedlichen Level der Anspannung können Sie definieren? Das kann die unterschiedliche Intensität des Stimming sein oder andere Verhaltensweisen, die nur unter Stress zu beobachten sind.
- Welche Intervention und welches Verhalten der Lehrkraft ist je nach Anspannungslevel notwendig?

Tragen Sie Ihre Beobachtungen mit den anderen Lehrkräften, der Schulbegleitung und gegebenenfalls weiteren Beteiligten zusammen und ordnen Sie sie zum Beispiel so:

Level 1: Das Kind befindet sich in einem Zustand leicht erhöhter Anspannung.
» Woran können Sie das erkennen?
» Welches Verhalten oder welche Reaktion des Kindes deuten darauf hin?
» Welches Verhalten der Lehrkraft ist in diesem Zustand hilfreich?

» Was sollten Sie eher nicht tun oder sagen?
» Gibt es andere Maßnahmen, die die Lehrkraft in diesem Zustand ergreifen sollte?

Level 2: Das Kind befindet sich in einem deutlich angespannten Zustand. Gleiche Fragestellungen wie bei Level 1.

Level 3: Das Kind befindet sich in einem Zustand hoher Anspannung. Eine Intervention ist dringend notwendig, um eine Eskalation noch zu vermeiden. Gleiche Fragestellungen wie bei Level 1.

Erstellen Sie aufgrund Ihrer Ergebnisse eine Übersicht, an der sich alle Beteiligten orientieren können. Sie können die Stufen auch in umgekehrter Reihenfolge darstellen, sodass die Beteiligten das Modell einer Ampel vor sich haben. Es kann notwendig werden, den Plan zu überarbeiten oder anzupassen, wenn sich im Schulalltag zeigt, dass die geplanten Maßnahmen nicht mehr hilfreich sind. Kommt es häufig zu einer Eskalation, sollten Sie überlegen, warum dies jeweils passiert.
Die Maßnahmen, die dem Kind in einer Krisensituation helfen, können sehr unterschiedlich sein. Eine reizarme Umgebung ist meist von Vorteil. Auch eine Beschränkung der verbalen Kommunikation auf das erforderliche Mindestmaß ist günstig. Ideal wäre ein Raum, der dem Kind bekannt ist und in den es sich im Falle einer beginnenden Krise zurückziehen und wo es sich regulieren kann.

Notfallplan für		
Anspannungslevel	**Verhalten der Lehrkraft**	**Weitere Maßnahmen**
Level 1 • Hände kneten • …	• Kind im Blick behalten • für Struktur und Eindeutigkeit sorgen	keine
Level 2 • zusätzlich ruckartiges Bewegen des Kopfes • motorische Unruhe • …	• Blickkontakt vermeiden • direkte Ansprache vermeiden • dem Kind eine Aufgabe außerhalb des Klassenzimmers geben	Verlassen des Raumes (Die Aufgabe dient dem „guten" Verlassen des Klassenzimmers.)
Level 3 • starke motorische Unruhe • Umherlaufen im Klassenzimmer • …	• Blickkontakt zur Schulbegleitung aufnehmen und so Verlassen des Klassenzimmers veranlassen • keine Kommunikation mit dem Kind herstellen	• Schulbegleitung verlässt das Klassenzimmer mit dem Kind und begibt sich in Raum XX • bei Abwesenheit der Schulbegleitung: 5 Minuten-Pause einlegen

Übergänge gelingend gestalten

Der Übergang in eine neue Schule ist für jedes Kind eine Herausforderung. Jeder Übergang ist begleitet von Sorgen, Hoffnungen, Erwartungen und Wünschen. Jeder Übergang erzeugt im Vorfeld Stress. Im besten Fall ist dies positiver Stress im Sinne von Aufregung und Vorfreude, im schlechtesten Fall Stress im Sinne von emotionaler Belastung und Angst. Ein autistisches Kind hat oft wenige Ressourcen, mit Stress gut umzugehen. Darum ist es für ein autistisches Kind besonders wichtig, jeden Übergang sehr sorgfältig vorzubereiten und zu begleiten.

Einschulung in die 1. Klasse

Wenn Sie wissen, dass ein Kind mit Autismus-Spektrum-Störung in Ihre Klasse kommen wird, ist dies ein großer Vorteil. Oft wird die Diagnose jedoch erst im Laufe der Grundschulzeit gestellt. Das bedeutet, Sie bekommen ein autistisches Kind in Ihre Klasse, ohne es zu wissen. Manchmal haben die Erzieher*innen in der Kindertagesstätte bereits auffällige Beobachtungen gemacht, nicht immer wird dies allerdings an die aufnehmende Schule kommuniziert – teilweise aus Datenschutzgründen, teilweise weil die Erzieher*innen dem Kind einen unbelasteten Start ermöglichen wollen. Auch Eltern möchten oft nicht, dass Informationen über die Besonderheiten ihres Kindes weitergegeben werden. Solange noch keine Diagnose gestellt wurde, haben Eltern oftmals die Hoffnung, dass sich die Auffälligkeiten ihres Kindes „auswachsen" oder im Lauf der Zeit einfach verschwinden.

Für Sie als Lehrkraft ist es jedoch von Vorteil, wenn Sie die Beobachtungen der Erzieher*innen kennen und die Eltern Ihnen gegenüber transparent sind. Falls Sie also im Vorfeld mit Kindergärten kooperieren, können Sie auf einen offenen und vertrauensvollen Austausch hinwirken, um einem auffälligen Kind, bei dem vielleicht ein Verdacht auf Autismus besteht, einen möglichst stressarmen Start in die Grundschule zu ermöglichen.

Oftmals ist es ein langer Weg bis zu einer Diagnose und dem Kind hilft es, wenn Sie in dieser Zeit schon einiges beachten. Sollte sich der Verdacht im Laufe der Zeit nicht bestätigen, haben Sie nichts falsch gemacht. Günstig ist es, wenn Sie mit den Eltern im Vorfeld sprechen und sich über die sensorischen und sonstigen Besonderheiten des Kindes informieren können. Folgende Fragen können Sie den Eltern beispielsweise stellen:

- Wie gut kann das Kind mit Lautstärke umgehen?
- Gibt es andere Bereiche, in denen es sehr sensibel reagiert?

- Wie gut kann das Kind mit spontanen Änderungen umgehen?
- Gibt es etwas, das aggressives Verhalten leicht triggert?
- Gibt es etwas, das das Kind als beruhigend empfindet oder das ihm hilft, sich zu regulieren?

Je genauer Sie im Vorfeld informiert sind, umso eher gelingt der Schulstart. Sie können wahrscheinlich keine ideale Situation für das Kind herstellen. So können Sie weder an der Klassengröße noch an den Strukturen der Schule etwas ändern. Wenn Sie jedoch bereits möglichst viel über das Kind wissen, sind Sie auf eventuelle Schwierigkeiten vorbereitet und können einiges gleich zu Beginn bedenken.

Wahl des Klassenzimmers

Falls Sie ein Klassenzimmer wählen können, sollte der Raum möglichst im Erdgeschoss und nah an der Eingangstür sein. Im Schulhaus herrscht in den Pausen, vor Unterrichtsbeginn und bei Schulschluss erfahrungsgemäß ein hoher Lärmpegel und ein großes Durcheinander. Da viele autistische Kinder dieses Durcheinander und diesen Lärm schwer aushalten, kann schon die strategisch günstige Lage des Klassenzimmers hilfreich sein. Falls die Kinder ihre Jacken und Schuhe an einer Garderobe ablegen, wäre es hilfreich, wenn das Kind seinen Garderobenplatz ganz am Rand hat. So kann es sich leichter orientieren.

Wahl des Sitzplatzes

Beim Sitzplatz gibt es mehrere Varianten. Zum einen sitzt ein autistisches Kind gut in der ersten Reihe, da es hier keine lärmenden und sich bewegenden Kinder vor sich hat. Dadurch kann das Kind seine Aufmerksamkeit besser auf die Tafel und die Lehrkraft richten. Sitzt das autistische Kind ganz hinten, hat es nicht das Gefühl, von den anderen beobachtet zu werden, und kann sich eher entspannen. Sitzt es an der Seite, an der sich die Tür befindet, kann ihm dies helfen, sich einfacher zu orientieren und seinen Platz gut zu finden. Außerdem kann es in der Pause das Klassenzimmer sehr schnell verlassen und so dem üblichen „Gewusel" bei Bedarf entgehen. Ob das Kind nun ganz vorn oder besser hinten sitzt, müssen Sie wahrscheinlich ausprobieren. Häufige Wechsel des Sitzplatzes und des Sitznachbarn bzw. der Sitznachbarin können für ein autistisches Kind jedoch sehr anstrengend sein. Günstig ist es daher, wenn das Kind immer am selben Platz sitzen kann und lediglich die Sitznachbar*innen wechseln.

Das Kind vorbereiten

Sehr günstig ist es, wenn das Kind vor Schulstart das Schulhaus, sein zukünftiges Klassenzimmer und seinen vorläufigen Sitzplatz besichtigen kann. Das ermöglicht es ihm auch, sich den Laufweg von der Eingangstür zum Klassenzimmer sowie den Weg von der Tür zu seinem Platz einzuprägen. Ob das Kind in die Wahl des Sitzplatzes einbezogen werden soll, muss individuell entschieden werden. Da autistische Kinder oft damit überfordert sind, Entscheidungen zu treffen, kann es hilfreich sein, wenn Sie den Sitzplatz zunächst vorschlagen.

Gestaltung des Klassenzimmers

Achten Sie auf eine klare Struktur und Ordnung und reduzieren Sie die Dekoration (siehe S. 23).

An den Kindergarten anknüpfen

Wie wichtig Struktur und Vorhersehbarkeit sind, habe ich bereits an verschiedenen Stellen erläutert, trotzdem möchte ich es an dieser Stelle noch einmal betonen.
Gerade zu Beginn der Grundschulzeit ist es sehr hilfreich, wenn Sie Methoden, die das Kind vielleicht schon aus dem Kindergarten kennt, weiterführen. Dies könnte beispielsweise ein Time Timer® (siehe S. 91) sein oder auch Piktogramme, die bereits im Kindergarten zur Visualisierung eingesetzt wurden.

Erste Schulwoche: Spiele und Kennenlernen

In der ersten Schulwoche finden häufig Spiele und andere Aktivitäten statt, durch die sich die Klasse kennenlernen und im Schulhaus zurechtfinden soll. Diese Zeit ist für ein autistisches Kind oft sehr herausfordernd: Es gibt wenig Ordnung, wenig Struktur und wenig Übersichtlichkeit. Gleichzeitig ist es laut und jeden Tag geschieht etwas Neues. Überlegen Sie im Vorfeld, wie Sie diese Zeit für das autistische Kind gestalten können. Gibt es bereits eine Schulbegleitung, kann diese Person das Kind in der ersten Woche begleiten und vieles abfedern. Falls nicht, können Sie überlegen, ob das Kind in der ersten Schulwoche unbedingt an jedem Tag und den ganzen Schulvormittag anwesend sein muss.
Generell ist es oft günstig, wenn Sie das Kind zu Beginn nicht besonders viel fragen oder es aufrufen, damit es die neue Situation zunächst in Ruhe und etwas unbeteiligt auf sich wirken lassen kann.

Übergang in die weiterführende Schule

Vor dem Übergang zur weiterführenden Schule ist bei vielen Kindern die Autismus-Diagnostik abgeschlossen oder zumindest auf dem Weg. Dies ist im Unterschied zur Einschulung ein Vorteil.

Vielen autistischen Kindern fällt es schwerer als neurotypischen Kindern, sich auf etwas Neues einzulassen. Alle Informationen, die Sie vor Schulbeginn schon an das Kind bzw. die Eltern weitergeben können, tragen dazu bei, dass das autistische Kind leichter an der neuen Schule ankommen kann. Dazu zählen etwa der Stundenplan, die Zusammensetzung der Klasse (Namenliste), die Klassenlehrkräfte oder auch das Klassenzimmer.

Klassenzimmer und Sitzplatz

Hier gilt dasselbe wie für die erste Klasse: Ein Klassenzimmer in der Nähe der Eingangstür ist ein Vorteil, um die Zeit zu verkürzen, die das Kind dem Lärm im Schulhaus ausgesetzt ist. Bei der Wahl des Sitzplatzes sollte das Kind mit einbezogen werden, wenn es vor dem Schulstart das Schulhaus und das neue Klassenzimmer besichtigen kann. Bis dahin gibt es vielleicht schon Erfahrungen, ob der Platz vorn oder ganz hinten günstig ist oder aber ein Platz in der Mitte. Auch die Wahl des Sitznachbarn bzw. der Sitznachbarin sollte schon vorher getroffen werden, falls das Kind andere Kinder in der neuen Klasse kennt. Dies gibt dem autistischen Kind am Anfang Sicherheit und Klarheit. Um es nicht mit Entscheidungen zu überfordern, können Sie beispielsweise zwei Sitznachbar*innen zur Wahl stellen.

Besonderheiten des Kindes kennen

Wahrscheinlich hat sich während der Grundschulzeit schon gezeigt, was hilfreich ist und wo es Schwierigkeiten gibt. Es ist sehr günstig, wenn Sie auf diese Erfahrungen zurückgreifen können. Auch wenn es in der weiterführenden Schule viele Veränderungen gibt, erleichtern es die Erfahrungen aus der Grundschule, Besonderheiten zu verstehen und sich darauf vorzubereiten.

Netzwerk etablieren

Im Vorfeld sollte ein gemeinsames Gespräch mit Eltern, Klassenlehrkräften, der Schulbegleitung und, wenn möglich, dem autistischen Kind stattfinden. Je besser sich alle Beteiligten zu Beginn vernetzen, umso besser können sie Rollen und Aufgaben klären und Abläufe und eventuelle Schwierigkeiten in den Blick nehmen. Vielleicht gibt es schon Erfahrungen, in welchen Bereichen das autistische Kind bisher Unterstützung benötigte und in welchen Situationen es gut zurechtkam. Auch wenn dies zu Beginn der weiterführenden Schule wieder ganz anders sein kann, ist es günstig, an die bisherigen Erfahrungen anzuknüpfen. Üblicherweise unterrichten ab der weiterführenden Schule viel mehr Lehrkräfte in einer Klasse, als dies in der Grundschule der Fall war. Es ist sehr wichtig, dass alle Lehrkräfte über Absprachen oder Besonderheiten gut informiert werden. Eventuell wurde bisher kein Nachteilsausgleich beantragt, jedoch wird dies ab der weiterführenden Schule oftmals auch aus rechtlichen Gründen nötig sein. Auch dieses Thema sollten Sie gleich zu Beginn ansprechen und klären.

Die erste Schulwoche

Wie in der Grundschule gibt es auch an der weiterführenden Schule in der ersten Woche oft besondere Aktivitäten. Hier sollten Sie im Vorfeld möglichst klären, inwieweit eine Teilnahme für das autistische Kind sinnvoll ist bzw. was das Kind benötigt, um in dieser Zeit ohne Stress dabei sein zu können.

Entwicklungsunterschiede im Vergleich zu neurotypischen Gleichaltrigen

Oftmals werden die Unterschiede zwischen autistischen und neurotypischen Kindern mit zunehmendem Alter auffälliger. Das liegt daran, dass neurotypische Kinder in der neurotypischen Umgebung, in der sie leben, quasi „von allein" unterschiedliche Kompetenzen und Fähigkeiten entwickeln. Die zentrale Kohärenz, ToM-Fähigkeiten und auch die exekutiven Funktionen sind am Ende der Grundschulzeit häufig schon ein gutes Stück ausgeprägt. Autistische Kinder entwickeln diese Kompetenzen nicht in der gleichen selbstverständlichen Art und Weise.
Auch nehmen die Jugendlichen selbst Unterschiede immer deutlicher wahr. Dies gilt für neurotypische Klassenkamerad*innen ebenso wie für die autistischen Jugendlichen selbst. Beim Übergang in die weiterführende Schule spielt dies eine Rolle. Damit Inklusion gut gelingen kann, müssen Sie beispielsweise die Aufklärung der Klasse über das autistische Kind anders gestalten als beim Eintritt in die Grundschule (siehe S. 135). Auch werden die neurotypischen Klassenkamerad*innen bei diesem Gespräch andere Fragen haben als die Erstklässler*innen.

Aufklärung der Klasse

Es gibt keine eindeutige und allgemeingültige Antwort auf die Frage, wie die Klasse über den*die autistische*n Mitschüler*in informiert werden sollte. Dennoch ist die Aufklärung sehr wichtig. Zunächst einmal entscheiden immer die Eltern (und das Kind), ob und in welcher Form die Klasse informiert wird. In der Regel ist es von Vorteil, wenn die Aufklärung stattfinden darf und ein sorgfältiger, offener Umgang mit dem Thema „Autismus als unsichtbare Behinderung" möglich ist.

Chancen bei der Aufklärung der Klasse

Mobbing-Prävention

Wenn die Mitschüler*innen verstehen, was bei dem autistischen Kind anders ist, kann dies dazu beitragen, mögliche Mobbing-Situationen von vornherein zu vermeiden. Wissen alle um die Besonderheiten des autistischen Kindes und können sie diese nachvollziehen, sinkt das Risiko von unbemerktem Mobbing.

„Ungerechtigkeiten" besser verstehen

Viele Kinder bemerken Ungerechtigkeiten beispielsweise bei den Hausaufgaben oder bei der Benotung sehr schnell. Dieses Empfinden führt dann oft zu Ablehnung oder zu Konflikten. Sonderregeln, die für das autistische Kind durch den Nachteilsausgleich (siehe S. 100) gelten, kann der Rest der Klasse schnell als ungerecht empfinden. Das kann auch für alltägliche Situationen im Schulalltag gelten. Ist ein autistisches Kind beispielsweise in einen Konflikt verwickelt und kann sich in dem Moment weder entschuldigen noch die Situation klären, verlässt es vielleicht mit der Schulbegleitung die Situation, um sich zu beruhigen. Die anderen Kinder werden das möglicherweise als ungerecht empfinden, weil sie selbst in dieser Situation anders behandelt werden würden.

Gerüchten vorbeugen

Gerüchte über Kinder, die „irgendwie anders" sind, machen erfahrungsgemäß schnell die Runde. Haben die Mitschüler*innen die Gelegenheit, in einem guten Rahmen zu erfahren, was bei dem autistischen Kind anders ist, können sie dieses Anderssein besser akzeptieren. Gleichzeitig bestätigt ein solches Gespräch die Kinder in ihrer Wahrnehmung, dass tatsächlich bei dem*der Mitschüler*in etwas anders ist. Sie lernen Begriffe für dieses diffuse Gefühl, das sie wahrscheinlich haben. Auch Aussagen, die die Kinder zu Hause über das autistische Kind treffen, können die Eltern besser einschätzen, wenn sie Bescheid wissen. Nicht zuletzt kann die Aufklärung der Klasse Ängste abbauen.

Risiken bei der Aufklärung der Klasse

Mobbing wird beschleunigt

Es kann passieren, dass es durch Gespräche mit der Klasse erst recht zu Mobbing kommt.

Vorurteile werden verstärkt

Gesamtgesellschaftlich herrschen aktuell in Deutschland noch große Vorurteile und viel Unwissenheit zum Thema „Autismus", auch unter Fachkräften. Eine

Aufklärung der Klasse kann dazu führen, dass die Kinder zu Hause oder in einem anderen Zusammenhang davon erzählen. Wenn nun Eltern oder andere Personen über wenig Wissen verfügen, kann es im Gespräch leicht zu einer Weitergabe und der Verfestigung von Vorurteilen und Stigmatisierungen kommen.

Dem Kind wird ein „Stempel aufgedrückt"

Es kann passieren, dass Mitschüler*innen, Eltern, Lehrkräfte oder sonstige Beteiligte ein genaues Bild im Kopf haben, was Autismus ist und was das für den Umgang mit diesem Kind bedeutet. Dies geschieht oft nicht aus böser Absicht, sondern aus Unwissenheit.

Damit die Aufklärung der Klasse gut gelingt, muss sie sehr sorgfältig geschehen und gut vorbereitet werden. Folgende Fragen helfen dabei:

- Zu welchem Zeitpunkt soll und kann die Aufklärung umgesetzt werden?
- Wer klärt die Klasse auf? Der*die Autismusbeauftragte, die Beratungslehrkraft oder eine andere Person? Keinesfalls sollte dies eine Klassenlehrkraft tun, die hierin nicht erfahren ist. Auch die Schulbegleitung oder die Eltern sind dafür nicht geeignet.
- Was genau soll die Klasse erfahren?
- Welche Begriffe sollen verwendet werden?
- Möchte das Kind sich selbst vorstellen?
- Möchte das Kind in dieser Stunde anwesend sein?
- Wer ist sonst noch anwesend?
- Wer kann konkrete Fragen der Klasse zu dem autistischen Kind direkt beantworten? Autismusbeauftragte können dies meistens nicht, da sie das Kind in der Regel nicht gut kennen.

Beziehen Sie die **Situation der Klasse** – falls bekannt – in die Überlegungen ein:

- Kennt sich die Klasse schon länger und das autistische Kind kommt neu dazu? Das kann beispielsweise aufgrund eines Schulwechsels oder einer Wiederholung der Klassenstufe vorkommen.
- Ist die Klasse neu zusammengesetzt?
- Welches Alter haben die Kinder?
- Hat die Klasse schon Erfahrung mit Kindern mit besonderem Bedarf oder einer Schulbegleitung?
- Gibt es in der Klasse Kinder, die schon aufgefallen sind, zum Beispiel durch Mobbing?

Was ist bei der Aufklärung der Klasse wichtig?
Je sorgfältiger Sie die Aufklärung vorbereiten, umso eher kann sie gelingen und zu einer guten Inklusion beitragen. Einige Themen sind hierbei besonders wichtig:

➲ **Wahrnehmung**
Das autistische Kind hat wahrscheinlich einige Wahrnehmungsbesonderheiten. Um den Mitschüler*innen dies deutlich zu machen, können Sie ein Experiment durchführen: Drei Kinder lesen drei verschiedene Texte gleichzeitig vor. Einige Kinder produzieren währenddessen Störgeräusche. Sie können klatschen, singen, durch das Klassenzimmer laufen, die Fenster auf- und zumachen usw. Die anderen Kinder sollen sich währenddessen auf einen der drei Texte konzentrieren und ihn danach mündlich zusammenfassen. Schon nach wenigen Minuten wird deutlich, wie anstrengend es ist, wenn die eigene Wahrnehmung Störungen nicht filtert. Dieses Experiment eignet sich für alle Klassenstufen.

➲ **Gerechtigkeit**
Der Klasse wird sehr schnell auffallen, dass das autistische Kind anders und vielleicht in den Augen einiger Schüler*innen ungerecht behandelt wird. Es darf vielleicht an einem iPad schreiben, hat mehr Zeit für Klassenarbeiten, muss sich bei einem Streit nicht gleich entschuldigen oder muss bestimmte Dinge nicht mitmachen. Besprechen Sie mit den Kindern konkret, warum es zu diesen Unterschieden kommt und warum es sich nicht um Ungerechtigkeit handelt, sondern um den Versuch, Inklusion umzusetzen.

➲ **Nachteilsausgleich**
Vielleicht nimmt das autistische Kind in einigen Fächern einen Nachteilsausgleich in Anspruch oder es gelten für das Kind Sonderregeln. Sprechen Sie mit den Mitschüler*innen darüber, warum das so ist und warum das nicht ungerecht ist. Sehr wichtig ist es dabei, das Verständnis dafür zu wecken, dass das autistische Kind nicht bevorzugt wird, sondern dass es sich um behinderungsbedingte Nachteile handelt, die abgemildert werden sollen.

➲ **Soziale Kommunikation und Interaktion**
Manche autistischen Kinder sind unsicher, wie sie Kontakt aufnehmen und Beziehungen gestalten können. Andere verstehen Redewendungen nicht und nehmen sie wörtlich, wieder andere sind distanzlos und verstehen ungeschriebene soziale Regeln nicht. Ist dies der Fall, sollten Sie dies mit der Klasse besprechen, damit die Kinder diese Situationen richtig einordnen können und Missverständnisse möglichst vermieden werden. Viele autistische

Kinder können ihre Impulse schlecht steuern und werden gerade bei Reizüberflutung schnell aggressiv. Dies sollten Sie ebenfalls ansprechen.

➲ Pat*innen
Manchmal ergibt sich die Möglichkeit, dass sich ein oder zwei Kinder als Vermittler*innen verstehen. Sie haben vielleicht ähnliche Interessen oder einen sonstigen Bezug zu dem autistischen Kind. Sie könnten es beispielsweise in der Pause in Spielsituationen einbeziehen und ihm so den Zugang zur Klassengemeinschaft ermöglichen oder es gegenüber verständnislosen Mitschüler*innen in Schutz nehmen. Nicht immer finden sich in der Klasse Kinder, die diese Rolle gern übernehmen möchten, manchmal kommen die Kinder jedoch selbst auf diese Idee. Dann sollten Sie dies unterstützen. Bei manchen autistischen Kindern ist ein Patensystem aus unterschiedlichen Gründen keine gute Idee. Die aufklärende Person muss sensibel auf die Klasse eingehen, um die Kinder nicht zu überfordern oder einzelnen Kindern eine Rolle zu geben, obwohl sie das nicht möchten.

Manchmal kann die Aufklärung der Klasse auch in Gespräche über allgemeinere Themen, wie Toleranz, Selbstwahrnehmung oder Diversität, münden oder auch inhaltlich daran anknüpfen.

Schulaufführungen und Klassenfahrten

Schule besteht nicht nur aus dem alltäglichen Unterricht. Feste, Ausflüge und besondere Aktivitäten wie Schulaufführungen sind ein fester Bestandteil des schulischen Lebens. Was für viele Kinder eine willkommene Abwechslung ist, kann für ein autistisches Kind großen Stress bedeuten.

Aufführungen

Ist eine Aufführung geplant, beispielsweise bei einem Schulfest oder einem anderen Anlass, sollten Sie sorgfältig überlegen, wie das autistische Kind einbezogen wird. Folgende Punkte sollten Sie berücksichtigen:

➲ Sensorische Wahrnehmungsbesonderheiten
Wie reagiert das Kind auf sensorische Reize wie Licht, Lautstärke oder Hitze, beispielsweise unter einem Kostüm? Manchmal kann man hier Abhilfe schaffen oder Alternativen finden, aber nicht immer.

➲ Emotionale Anspannung
Eine Aufführung bedeutet für jedes Kind Aufregung und Anspannung. Wird es klappen? Kann ich meinen Text? Ein autistisches Kind hat wahrscheinlich weniger gute Kompetenzen, mit dieser Anspannung gut umzugehen. Es benötigt vielleicht schon nach den Proben mehr Pausen, um sich wieder zu regulieren.

➲ Spontaneität und Flexibilität
Bei Aufführungen kommt es immer wieder zu unvorhergesehenen Ereignissen. Ein Kostüm muss schnell an- oder ausgezogen werden, die Reihenfolge verschiedener Darbietungen wird geändert, weil ein Kind krank ist, usw. Viele autistische Kinder kommen in einer angespannten Situation noch schneller an ihre Grenzen als sonst. Spontane Änderungen, die sie in einer entspannten Situation vielleicht gut bewältigen könnten, sind in einer Situation erhöhter Anspannung oft eine Überforderung.

➲ Geeignete Aufgabe
Es ist wichtig, eine geeignete Aufgabe für das Kind zu finden, die das Kind nicht überfordert und es ihm trotzdem erlaubt, teilzuhaben. Hier ist oft Kreativität gefragt. Manchmal bedeutet Inklusion aber auch, an etwas nicht teilzunehmen. Falls Sie gemeinsam mit den Eltern oder anderen Beteiligten zu dem Schluss kommen, dass die Situation für das Kind eine zu große Herausforderung darstellt, gibt es vielleicht eine andere Möglichkeit für das Kind, sich im Vorfeld einzubringen.

Ausflüge und Klassenaktivitäten

Soll ein Ausflug, eine Lesenacht oder eine andere Klassenaktivität stattfinden, sollten Sie vorher klären, unter welchen Bedingungen das autistische Kind gut teilnehmen kann.

➲ Sensorische Wahrnehmungsbesonderheiten
Je nach geplanter Aktivität wird die Empfindlichkeit für Lautstärke, Licht, Temperatur oder auch Wasser eine Rolle spielen. Das Kind sollte darauf vorbereitet werden und eventuell etwas dabeihaben, das ihm hilft (Sonnenbrille, Duftbeutel, Lärmschutzkopfhörer usw.).

➲ Unbekannte Orte
Manche autistischen Kinder haben Schwierigkeiten damit, öffentliche Verkehrsmittel zu benutzen oder einen unbekannten Ort, wie ein Museum oder einen

Park, zu besuchen. Eine vorherige Absprache mit den Eltern kann hilfreich sein. Vielleicht können die Eltern diesen Ort mit dem Kind vorher besuchen, Bilder im Internet betrachten, eine Wegbeschreibung anschauen usw.

➲ Vorhersehbarkeit und Struktur

Ein Ausflug bietet oft weniger Struktur als ein Vormittag in der Schule. Vielleicht möchten Sie auf einem Spielplatz verweilen, ohne dass es hier einen festen Ablauf oder Plan gibt, was getan werden soll. Das Kind sollte darauf vorbereitet werden, dass das so ist. Eventuell kann es etwas mitnehmen, das ihm Struktur gibt. Das könnte ein Spielzeug sein, mit dem es sich auf dem Spielplatz beschäftigen kann usw. Hilfreich ist es, wenn das Kind den Ablauf kennt und keine großen Überraschungen zu erwarten sind. Auch Uhrzeiten, zu denen bestimmte Stationen erreicht werden, können für ein autistisches Kind im Vorfeld hilfreiche Informationen sein.

➲ Kommunikation und Interaktion

Für viele autistischen Kinder bedeutet eine Aktivität wie ein Ausflug oder eine Lesenacht eine große emotionale Herausforderung. Die meisten autistischen Kinder tun sich mit der Interaktion und Kommunikation schwer. Auch wenn einem Kind die Kommunikation und soziale Interaktion unter gewohnten Bedingungen gelingt, kann es vielleicht in einer besonderen Situation wie während eines Ausflugs nicht mehr in der gewohnten, angemessenen Weise reagieren. Sie können es dem autistischen Kind erleichtern, indem Sie schon vorher überlegen, mit wem das Kind zusammen laufen oder neben wem es im Zug sitzen könnte usw. Manchmal ist es hilfreich, Themen zu formulieren, über die sich die Kinder unterhalten sollen. Vielleicht gibt es etwas herauszufinden oder zu zählen oder eine sonstige „Aufgabe“, sodass die Kinder in ihrer Kommunikation eine Richtung haben. Das kann dem autistischen Kind helfen, sich an einem Gespräch zu beteiligen. Eine Smalltalk-Situation, die dem Kind unsinnig erscheint oder es überfordern könnte, lässt sich so vermeiden.

Klassenfahrten

Bei einer Klassenfahrt sollten alle Beteiligten sehr sorgfältig abwägen, ob und inwieweit das autistische Kind von einer Teilnahme profitiert. Möchte das Kind gerne mitfahren, sind einige Überlegungen notwendig.

➲ Schulbegleitung

Hat das Kind eine Schulbegleitung und kann diese die Klassenfahrt begleiten?

➲ Eingeschränkte Teilnahme
Findet die Klassenfahrt an einem nicht weit entfernten Ort statt, könnte das Kind gegebenenfalls zu Hause schlafen und tagsüber an den Aktivitäten teilnehmen, die ihm möglich sind.

➲ Sensorische Wahrnehmungsbesonderheiten
Fährt das Kind mit auf die Klassenfahrt, müssen Sie wahrscheinlich einige Vorkehrungen treffen.

➲ Essen und Gerüche
Welche Nahrungsmittel isst das Kind? Vielleicht isst es Nudeln nur ohne Soße und ohne dekorative Kräuter. Dies muss mit der Küche abgesprochen werden. Viele autistische Kinder reagieren sehr empfindlich auf Gerüche. Dies kann besonders beim Essen problematisch werden. Das Kind sollte in diesem Fall möglichst am Rand und möglichst weit entfernt von der Küche sitzen – eventuell in der Nähe eines Fensters, das geöffnet werden kann.

➲ Licht und Lärm
Reagiert das Kind empfindlich auf Licht und Lärm, wäre es hilfreich, wenn es sich bei Bedarf in einen ruhigen Bereich der Unterkunft zurückziehen kann. Gibt es ein Zimmer mit nur wenigen Betten, wäre es sinnvoll, das Kind hier unterzubringen.

➲ Temperatur
Autistische Kinder haben bei der Umgebungstemperatur oft eine sehr geringe Toleranz. Sie frieren oder schwitzen leicht und können dies nur schwer aushalten. Sehr oft kommt es vor, dass ein autistisches Kind beispielsweise schwitzt, jedoch nicht von allein auf die Idee kommt, den Pullover auszuziehen. Hier ist Unterstützung notwendig (siehe S. 30).

➲ Soziale Interaktion
Damit das Kind gute Begegnungen erleben kann, sind die Vorbereitung und Begleitung besonders wichtig. Besprechen Sie mit dem Kind, welche sozialen Situationen auf einer Klassenfahrt üblicherweise auftauchen, wie diese einzuordnen sind und welche Bedeutung typische Verhaltensweisen haben. Hierzu gehören auch ganz pragmatische Dinge. Auf der Packliste steht beispielsweise „maximal eine Tüte Knabbersachen". Eine 14-jährige Autistin, die sich exakt an die Ernährungsempfehlungen der DGE hält, packt eine Tüte ungeschälte Haselnüsse ein.

Was tun? Sie können besprechen, dass gesunde Ernährung in manchen Situationen nicht so wichtig ist, sondern dass es auf der Klassenfahrt darum geht, mit den Klassenkamerad*innen eine gute Zeit zu haben. Für viele neurotypische Jugendliche bedeutet dies, etwas „Ungesundes" zu essen. Sie mögen das sehr gerne, man kann sich gemeinsam etwas gönnen, was man nicht immerzu isst, gerade weil es nicht besonders gesund ist. Für den besonderen Moment des Beisammenseins passt also auch eine „besondere Knabberei".

➲ Tagesablauf
Geben Sie geplante Aktivitäten möglichst vorher bekannt. Eine gute Orientierung im Tagesablauf kann dem Kind helfen, den Überblick zu behalten und sich zu entspannen. Vielleicht kann das Kind am Abend nicht mehr an Aktivitäten teilnehmen. Ermöglichen Sie dem Kind in diesem Fall eine soziale Pause. Auch tagsüber kann eine Pause notwendig werden, um einer Reizüberflutung vorzubeugen. Vielleicht kann sich das Kind in diesem Fall mit Lärmschutzkopfhörern an einen vorher definierten Ort zurückziehen. Oft merkt ein autistisches Kind nicht, wann es eine Pause benötigt. Die Schulbegleitung oder eine Lehrkraft sollten im Auge haben, wann eine Pause hilfreich sein könnte.

Zusammenarbeit aller Beteiligten

Damit eine inklusive Schulzeit für ein autistisches Kind möglichst gut gelingen kann, ist es notwendig, dass sich alle Beteiligten gut vernetzen, gegenseitig unterstützen und sich über ihre Rollen im Klaren sind.

Autismusbeauftragte

Autismusbeauftragte sind in vielen Bundesländern den Schulämtern bzw. Schulbezirken zugeordnet oder, je nach Schulart, auch direkt den Regierungspräsidien. Ihre Aufgabe ist es üblicherweise, Lehrkräfte zu beraten und dabei zu unterstützen, Schüler*innen mit Autismus in ihrer Klasse zu begleiten. Oftmals haben sie eher eine übergeordnete Funktion oder sind auch Ansprechpartner*innen für Eltern und Schüler*innen. Im Zweifel können Sie sich an Ihre Landesschulbehörde wenden, um die für Sie zuständigen Autismusbeauftragten zu kontaktieren.

Aufgabe der Autismusbeauftragten ist es auch, in Absprache mit Lehrkräften und Eltern, die Aufklärung der Mitschüler*innen mitzugestalten, wenn ein Kind mit Autismus in die Klasse kommt. Bei allen schulischen und schulrechtlichen Fragen sind die Autismusbeauftragten Ansprechpartner*innen. Bei Bedarf und je nach Kapazitäten können sie zu Hilfeplangesprächen mit Kostenträgern oder anderen Akteur*innen hinzugezogen werden.
Die Fachkenntnisse, über die die Autismusbeauftragten verfügen, sollten als wertvolle Ressource allen Lehrkräften zu Verfügung stehen. Gerade wenn Sie das erste Mal ein Kind mit Autismus in Ihrer Klasse begleiten, kann es ein Gewinn sein, diese Unterstützung zu suchen. Da autistische Kinder sehr unterschiedlich sind, können Sie aber auch als erfahrene Lehrkraft davon profitieren, Kontakt zu der oder dem für Sie zuständigen Autismusbeauftragten aufzunehmen.
Generell ist die Unterstützung durch die Autismusbeauftragten immer an die vorhandenen Ressourcen geknüpft. Die personellen Kapazitäten sind in diesem Bereich in den meisten Bundesländern leider nicht in gleichem Maß gestiegen wie die Autismus-Diagnosen. Das bedeutet oftmals, dass die Beratung mit Wartezeiten verbunden ist.

Eltern

Eltern autistischer Kinder sind im Vergleich zu Eltern von Kindern ohne oder mit anderen Einschränkungen oftmals besonders belastet. Selbst wenn die Diagnose Autismus-Spektrum-Störung gestellt wurde, stoßen sie in ihrem Umfeld häufig auf Vorurteile und Unverständnis. Sie erleben oft auch von Fachleuten Ausgrenzung, Ablehnung und Kritik an ihrem Erziehungsverhalten. Grundsätzlich kann es daher hilfreich sein, in einem Gespräch den bisherigen Weg des Kindes und der Familie in Stichpunkten nachzuvollziehen. So können Sie sich ein Bild machen über bisherige Erfahrungen der Eltern mit Ärzt*innen oder pädagogischen Fachkräften. Die Eltern können Ängste und Hoffnungen äußern und es kann eine vertrauensvolle Basis für eine gute Zusammenarbeit entstehen.
Viele autistische Kinder haben gute Fähigkeiten im „Masking" (siehe S. 54). Das bedeutet, dass sie ihre Besonderheiten und Grenzen in öffentlichen Zusammenhängen, wie beispielsweise in der Schule, gut verstecken und nicht auffällig sind. Zu Hause angekommen, fällt die Anspannung von ihnen ab und es kommt zur Eskalation. Die Eltern bzw. die ganze Familie ist hierdurch tagtäglich mit großen Herausforderungen konfrontiert.

Wenn sich das autistische Kind in der Schule mehr oder weniger unauffällig verhält, die Eltern jedoch von eskalierenden Situationen zu Hause berichten, sollten Sie dies im Hinterkopf behalten. So können Sie die Schwierigkeiten, von denen die Eltern zu Hause berichten, besser einordnen. Für Eltern kann es sehr wohltuend sein, wenn Sie ihnen das Gefühl geben, ihre Wahrnehmung ernst zu nehmen. Auf dieser guten Grundlage ist ein vertrauensvolles und offenes Miteinander möglich. Ein kurzer Austausch kann in jedem Fall dazu beitragen, sich gegenseitig auf dem aktuellen Stand zu halten und hin und wieder kurz ein gemeinsames Vorgehen abzustimmen. Ganz praktisch kann es beispielsweise darum gehen, schnell und unkompliziert individuelle Lösungen für eine momentan herausfordernde Situation zu finden. Beschreiben die Eltern beispielsweise eine große häusliche Belastung, können Sie eine Reduzierung der Hausaufgaben für die laufende Woche vereinbaren oder mehr „soziale Pausen" während des Schultages gewähren.

Schulbegleitung

Eine individuelle Unterstützung kann für ein Kind notwendig sein und im Rahmen von § 35a SGB VIII gewährt werden. Den Antrag auf Eingliederungshilfe nach § 35a SGB VIII stellen die Eltern beim zuständigen Jugendamt, das den Bedarf prüft und je nach Ergebnis Unterstützung für einen bestimmten zeitlichen Umfang gewährt.
Das Jugendamt kooperiert oft mit einem Träger, der dann mit der Durchführung der Schulbegleitung[18] beauftragt wird. Der Träger stellt eine geeignete Person ein, die die praktische Begleitung des Kindes in der Schule übernimmt. Hat das Kind die Schulbegleitung kennengelernt und akzeptiert, sollten Sie als Lehrkraft möglichst bald mit der Schulbegleitung Kontakt aufnehmen, ein gemeinsames Vorgehen vereinbaren und gegenseitige Erwartungen klären. Die Aufgaben einer Schulbegleitung sind vielfältig und können jeden Aspekt von Schule und Lernen betreffen. Es ist jedoch ausdrücklich nicht Aufgabe der Schulbegleitung, dem autistischen Kind „Nachhilfe" zu geben oder die Rolle einer „Privatlehrkraft" zu übernehmen.
Auch in den Pausen ist die Schulbegleitung häufig wichtig. Sie kann dem Kind helfen, die Zeit zwischen den Unterrichtsstunden erholsam zu gestalten. Vielleicht begibt sie sich mit dem Kind an einen geeigneten Rückzugsort. Oder sie unterstützt das Kind dabei, mit Klassenkamerad*innen in Kontakt zu kommen, und begleitet Spielsituationen.

[18] Regional unterschiedliche Bezeichnungen: Schulassistenz, Schulhelfer*in, Lernbegleitung, Integrationskraft

Informieren Sie die Schulbegleitung über Ihre Unterrichtsplanung. Wenn die Schulbegleitung weiß, was Sie im Unterricht vorhaben, kann sie sich besser auf die Unterstützung des Kindes vorbereiten, als wenn sie die Aufgaben oder Arbeitsblätter erst im Unterricht sieht. So kann sie beispielsweise Arbeitsblätter schon einmal lesen und „vorsortieren", sich Gedanken darüber machen, welchen Abschnitt sie beim Lesen abdecken könnte, welche Hinweise wahrscheinlich wichtig sein werden und vieles mehr. Je spontaner Sie Ihren Unterricht gestalten, desto schwieriger wird es für die Schulbegleitung, das autistische Kind zu unterstützen.

Kollegium

Es ist notwendig, dass alle Lehrkräfte, die in der Klasse unterrichten, über die Besonderheiten des autistischen Kindes informiert sind. Dies betrifft natürlich auch alle Regelungen zum Nachteilsausgleich. Alle Lehrkräfte müssen darüber informiert sein, welche Nachteilsausgleiche für das autistische Kind gewährt wurden, damit sie sich darauf beziehen können, und vereinbarte Nachteilsausgleiche beachten. Außerdem ist es notwendig, alle Lehrkräfte über besondere Absprachen zu informieren. Soll das Kind beispielsweise aktuell im Unterricht nicht aufgerufen werden, müssen alle Lehrkräfte diese Absprache kennen. Wenn eine Lehrkraft das Kind trotzdem aufruft, kann das dazu führen, dass das Kind das Vertrauen in die Schule oder die Lehrkräfte verliert. Außerdem kann es dann leicht passieren, dass die Situation eskaliert und das Kind unangemessen reagiert.
Das ist für alle Beteiligten unangenehm und wird das Kind in seiner Entwicklung eher zurückwerfen.
Falls eine Lehrkraft in der Klasse eine Vertretung übernimmt, ist es hilfreich, wenn sie ebenfalls über die wichtigsten Absprachen informiert ist. Haben Sie bereits einen Notfallplan (siehe S. 133) erstellt, sollten Sie ihn dem Kollegium zugänglich machen. Im Vertretungsfall sollte jede Lehrkraft unkompliziert darauf zurückgreifen können, um eskalierende Situationen zu vermeiden. Manchmal ist es hilfreich, eine kurze Übersicht zu erstellen, damit sich auch neue Lehrkräfte schnell und unkompliziert über die wichtigsten Punkte im Umgang mit dem autistischen Kind informieren können und eskalierende Situationen gar nicht erst entstehen. Überlegen Sie, wo Sie ein solches Infoblatt am besten deponieren, damit es jeder Lehrkraft im Bedarfsfall zur Verfügung steht und sie nicht danach fragen muss.

Literaturverzeichnis

Aarts, Maria: Marte Meo. Ein Handbuch,
Aarts: Eindhoven, 2. überarbeitete Auflage 2009

Artikel 3 Grundgesetz, Link: *https://www.gesetze-im-internet.de/gg/art_3.html* (aufgerufen am 15.09.2025)

Attwood, Tony: Leben mit dem Asperger-Syndrom, TRIAS: Stuttgart 2019

Autism spectrum disorder (6A02); in: International Classification of Diseases, 11th Revision, Link: *https://icd.who.int/browse11/l-m/en#/http%3a%2f%2fid.who.int%2ficd%2fentity%2f437815624* (aufgerufen am 15.09.2025)

Baron-Cohen, Simon; Leslie, Alan M.; Frith, Uta: Does the autistic child have a „theory of mind"?; in: Cognition, Vol. 21, Issue 1, 1985, S. 37–46

Beauftragter der Bundesregierung für die Belange von Menschen mit Behinderungen (Hrsg.): Die UN-Behindertenrechtskonvention. Übereinkommen über die Rechte von Menschen mit Behinderungen, Berlin 2018, Link: *https://www.institut-fuer-menschenrechte.de/fileadmin/Redaktion/PDF/DB_Menschenrechtsschutz/CRPD/CRPD_Konvention_und_Fakultativprotokoll.pdf* (aufgerufen am 15.09.2025)

Berufsverband der Kinder- und Jugendärzte e. V. (26.02.2020): Bei Mädchen mit Autismus sind die Sprachprobleme nicht so ausgeprägt wie bei Jungen, *Link: https://www.kinderaerzte-im-netz.de/news-archiv/meldung/article/bei-maedchen-mit-autismus-sind-die-sprachprobleme-nicht-so-ausgepraegt-wie-bei-jungen* (aufgerufen am 15.09.2025)

Danner, Klaus G.: Mehr als nur Worte; in: autismus verstehen, hrsg. v. Autismus verstehen e.V. Lichtenstein, Ausgabe 2, 2022, S. 7–11

Eckert, Andreas (Hrsg.): Autismus in Kindheit und Jugend. Grundlagen, Praxis und Perspektiven der Begleitung und Förderung in der Schweiz, HfH Reihe 40, Edition SZH/CSPS 2021

Elvén, Bo Hejlskov: Herausforderndes Verhalten vermeiden: Menschen mit Autismus und psychischen oder geistigen Einschränkungen positives Verhalten ermöglichen, Dgvt-Verlag: Tübingen 2. Auflage 2017

Happé, Francesca; Frith, Uta: The weak coherence account: Detail-focused cognitive style in autism spectrum disorders; in: Journal of Autism and Developmental Disorders, Vol. 36, Issue 1 (2006), S. 5–25

Häußler, Anne; Tuckermann, Antje; Kiwitt, Markus: Wenn Verhalten zur Herausforderung wird, Borgmann Media: Dortmund 2014

Hazlett, Heather Cody et al.: Early brain development in infants at high risk for autism spectrum disorder; in: Nature 542, 2017, S. 348–351

Küpperfahrenberg, Beatrix; Frese, Christian: Nachteilsausgleich für Schülerinnen und Schüler mit einer Autismus-Spektrum-Störung. Stellungnahme des Wissenschaftlichen Beirats des Bundesverbandes autismus Deutschland e.V., Hamburg 2016, Link: *https://www.autismus.de/fileadmin/RECHT_UND_GESELLSCHAFT/Stellungnahme_NachteilsausleichApril2016.pdf* (aufgerufen am 15.09.2025)

La Brie Norall, Cynthia; Wagner Brust, Beth: Kinder mit Asperger einfühlsam erziehen, TRIAS: Stuttgart 2021

Langmann, Anika: Zur Diagnostik und Differentialdiagnostik der Autismus-Spektrum-Störungen, Dissertation, Marburg 2018

Menke, Lisa; Krüger, Katrin; Thiel, Monika: Marte Meo Elemente – Basis Set, Institut für Entwicklung und Kommunikation: Wuppertal 2019

Rommelse, Nanda N. J.; Franke, Barbara; Geurts, Hilde M.; Hartman, Catharina A.; Buitelaar, Jan K.: Shared heritability of attention-deficit/hyperactivity disorder and autism spectrum disorder; in: European Child & Adolescent Psychiatry, 19(3), 2010, S. 281–295

Rutter, Michael; Thapar, Anita: Genetics of autism spectrum disorders; in: Volkmar, Fred R.; Rogers, Sally J.; Paul, Rhea; Pelphrey, Kevin A. (Hrsg.): Handbook of Autism and Pervasive Developmental Disorders, Bd. 1, Wiley & Sons: New Jersey, NJ, 4. Auflage 2014, S. 411–423

Schelinski, Stefanie; Tabas, Alejandro; von Kriegstein, Katharina: Altered processing of communication signals in the subcortical auditory sensory pathway in autism; in: Human Brain Mapping, Vol. 43, Issue 6, 2022, S. 1955–1972

Schütz, Leni: Konflikte lösen mit Social Stories. 44 Soziale Anleitungen zur Wahrnehmung und Steuerung von Gefühlen im Schulalltag, Verlag an der Ruhr: Mülheim an der Ruhr 2023

Tuckermann, Antje; Häußler, Anne; Lausmann, Eva: Herausforderung Regelschule. Unterstützungsmöglichkeiten für Schüler mit Autismus-Spektrum-Störungen im lernzielgleichen Unterricht, Borgmann Media: Dortmund 2012

Wolff, Jason J. et al.: Differences in white matter fiber tract development present from 6 to 24 months in infants with autism; in: American Journal of Psychiatry, 169 (6), Juni 2012, S. 589–600